Le canard de Julie

À mes irremplaçables goûteurs : Maman, Arthur et Julie

Julie Andrieu

Le canard de Julie

Photographies de

Sophie Tramier & Henry Roy

Stylisme

Delphine de Montalier

MARABOUT

Comme vous, je suis confrontée chaque jour à un défi difficile à relever : nourrir.

Nourrir mon amoureux, nourrir mes amis, nourrir ma famille, me nourrir lorsque je reste au four et que les autres sont au moulin. La tentation est grande de préparer régulièrement les mêmes plats, de proposer des recettes appréciées de tous : escalopes panées, spaghettis, poulet rôti, rosbif…

Pourtant, s'il est un plaisir jubilatoire, c'est bien celui d'essayer chaque jour de nouveaux produits, d'associer des saveurs contraires, de découvrir des modes de cuisson exotiques, de suivre des recettes inédites, quitte à bousculer un peu les palais. Éprouver, tâtonner, réinventer chaque jour…

Au fil de mes expériences, j'ai découvert qu'un ingrédient revenait sans cesse dans ma cuisine, comme un refrain entêtant, une sorte de matériau alcalin qui me permet de créer tous azimuts, sans le moindre complexe. Un produit noble, inhabituel, dont nous ignorons souvent à quel point il peut être passe-partout.

Sa chair savoureuse et maigre peut être cuisinée entière, hachée ou émincée, poêlée pour des petits plats minute raffinés, rôtie pour des recettes chics et conviviales, grillée au barbecue pour nourrir les affamés, crue pour surprendre les gourmands sans alourdir les estomacs, pochée pour réchauffer les soirs d'hiver, confite en toute occasion…

Et ce n'est pas fini ! Les abats peuvent subir toutes les transformations. Le foie engraissé peut même remplacer le beurre dans de nombreuses recettes. De quoi clouer le bec des palmiphobes.

Le canard revient en force. Les crises alimentaires qui ont troublé les esprits et les appétits ont profité à notre palmipède préféré. L'indétrônable duo bœuf-poulet est aujourd'hui sérieusement menacé. Le canard n'accepte pas de becqueter n'importe quoi et ses exigences le mettent à l'abri des dérives de l'industrie agroalimentaire.

Qu'il soit des villes ou des champs, le canard attend d'être soumis à votre imagination. Vous n'êtes pas obligé de suivre mes recettes à la lettre. Considérez ce livre comme un radeau qui vous permettra de naviguer sur la mare aux canards et laissez-vous porter au gré de votre appétit. Les recettes pourront vous paraître parfois un peu longues, mais j'ai trop souvent regretté le manque de détails dans les livres de cuisine. Je vous confie mon bébé, mon œuf.

Pourvu qu'il fasse beaucoup de petits… plats !

Julie

FOIES
DE
CANARDS

Marché

CREDIT

Marché au gras

Institutions du Sud-Ouest, les marchés au gras se succèdent entre la mi-novembre et la fin du mois de février. Je vous l'accorde, leur nom est peu attrayant mais sachez que c'est un terme générique qui désigne les oies et les canards qui ont été gavés au maïs.
On y trouve des canards entiers, avec ou sans leur foie qui peut être vendu séparément. Les étals regorgent de palmipèdes. C'est dans la bonne humeur que professionnels et consommateurs négocient le précieux produit, au poids bien entendu. Il est indispensable de faire le tour des producteurs et de comparer les prix avant de faire l'acquisition de la bête. Les prix varient selon la saison. Informez-vous auprès des habitués.
N'oubliez pas de vous équiper d'un sac isotherme afin de conserver votre foie au frais sur le chemin du retour. C'est une denrée fragile qui supporte mal la chaleur et doit être préparée rapidement.
Il ne vous reste qu'à piocher dans les recettes de ce livre au gré de vos humeurs et de votre appétit.

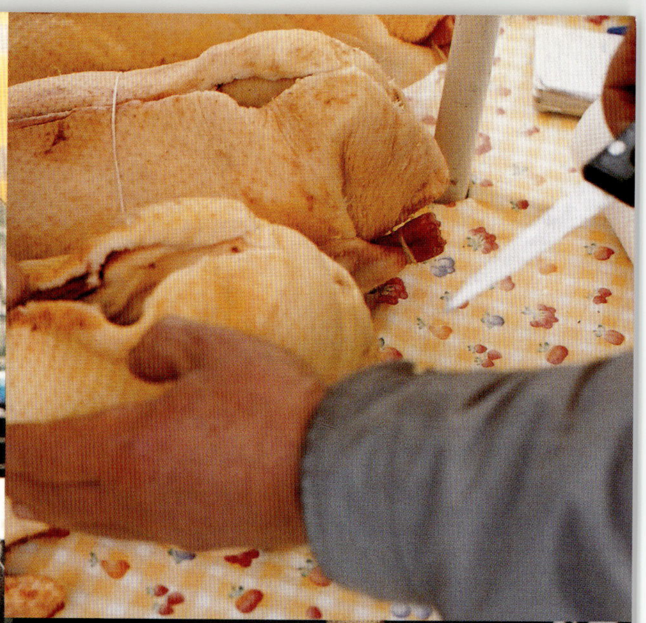

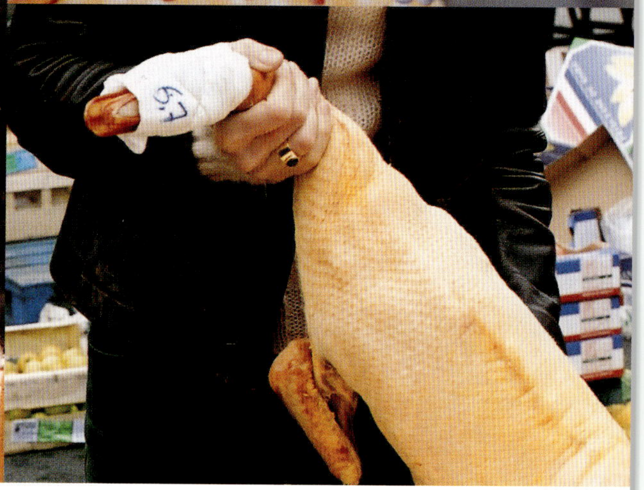

Canard mode d'emploi

Au retour du marché, combien de temps peut-on conserver son canard ?

La date limite de conservation est fixée à 11 jours après abattage, au frais, bien entendu. Mieux vaut le cuisiner dans les 2 jours qui suivent son achat. Si vous devez prolonger cette attente, évitez de le conserver avec ses abats.

Peut-on congeler son canard ?

Oui, mais sortez-le 12 heures avant de le cuisiner et laissez-le décongeler au réfrigérateur. Vous pouvez également congeler les morceaux prédécoupés : cuisses, magrets et filets.

Combien de temps peut-on conserver un canard rôti ?

Deux jours s'il a été cuisiné en sauce, 3 à 4 jours si ce n'est pas le cas.

Pourquoi les œufs de canes sont-ils si rarement disponibles à la vente ?

Les règles sanitaires l'emportent sur la gourmandise. Délicieux, les œufs de cane sont dodus, 100 à 120 grammes, mais leur coquille est très poreuse. Ils sont particulièrement sensibles aux germes, notamment aux salmonelles, et leur vente est très limitée. Si vous avez la chance d'en trouver, au marché ou à la ferme, prenez soin de les faire cuire au moins 10 minutes.

Comment calculer le poids de canard par invité ?

Comptez 600 grammes de poids brut par personne sur un canard entier, 300 grammes si vous achetez un canard gras prédécoupé et 150 grammes s'il s'agit de chair sans la peau.

Pour un repas complet, comptez un demi-magret par personne.

Pour le foie gras, 60 grammes de foie cuit en terrine suffisent pour une entrée, 100 grammes de foie poêlé en plat principal.

La viande du canard est-elle grasse ?

Oui et non. Les canards d'élevage sont très riches et leur graisse, même si elle donne beaucoup de goût, ne doit pas être consommée, ou alors en très petite quantité. Comme pour le porc, il est très facile de séparer la graisse de la chair car cette dernière n'est pas persillée, c'est-à-dire infiltrée de graisse.

Ne jetez pas la graisse de votre palmipède. Considérée comme une « bonne graisse », elle est riche en acides gras mono et polyinsaturés, éléments favorables à la protection cardio-vasculaire.

Aussi pauvre en graisse que celle de la volaille, la chair du canard est extrêmement riche en vitamine B et en fer.

Les « bonnes graisses » font-elles grossir ?

Oui, au même titre que les autres corps gras. L'excès de graisse fait grossir, même quand celle-ci ne fait pas monter le taux de cholestérol. Préférez filets et aiguillettes aux magrets et aux cuisses, qui rendent beaucoup de gras à la cuisson. Prenez soin de bien entailler la peau de votre canard et pochez-le quelques minutes dans l'eau bouillante salée afin de la débarrasser au maximum de sa graisse. Un confit bien dégraissé peut être consommé par ceux qui surveillent leur ligne. Il n'apporte que 250 calories pour 100 grammes.

Faut-il choisir la canette, le caneton ou le « bon vieux » canard ?

Privilégiez les jeunes canards (moins de 2 mois) dont la chair est plus tendre et plus fine que celle de leurs aînés. Ce conseil concerne surtout les canards destinés à être rôtis. Mijotés, les canards adultes font parfaitement l'affaire.

Il reste souvent des plumes sur mon canard. Faut-il les enlever avant de le faire cuire ?

Oui, c'est préférable car les plumes dégagent un goût amer à la cuisson. La technique la plus efficace consiste à les « épiler » à l'aide d'une pince d'électricien.

Je ne parviens jamais à découper le canard. Existe-t-il une technique particulière ?

Pour découper un canard, cru ou cuit, il faut d'abord ôter les cuisses puis les ailes. Pour faciliter le découpage des filets, il faut ensuite dégager l'os du cou appelé « bréchet » en passant une lame entre celui-ci et les chairs. Il ne reste plus qu'à faire glisser la lame le long des filets pour les décoller de la carcasse. (Voir la découpe du canard gras, page 25.)

Petit lexique pour éviter de se faire plumer

Les canards d'élevage du plus au moins gras

Mulard

Canard gras d'élevage, il est le résultat du croisement entre un canard de Barbarie et une cane. Court sur pattes, muet et stérile, il naît pour être engraissé et sert à la production du foie gras. Sa viande est particulièrement savoureuse. On se régale de ses magrets couverts d'une épaisse couche de gras vendus à la pièce ainsi que de ses cuisses et de ses manchons, utilisés pour les confits.

Au marché, l'appellation « magret » est réservée aux filets des canards gras élevés par les producteurs de foie gras. La couche de graisse doit être bien épaisse, sans taches, ni marques.

Pékin

Chef-d'œuvre de la gastronomie chinoise, le canard laqué, ou pékinois, est préparé grâce à des volailles mi-grasses élevées localement. Il est très difficile d'en trouver l'équivalent en France. Le mulard, destiné à la production de foie gras, est sans doute le plus approprié pour cette délicate préparation.

Rouennais

Il s'agit d'un gros canard pouvant dépasser les 4 kg. Le canard de Rouen est directement issu de l'élevage du colvert.

Canard de Barbarie ou de Moscovie

Comme son nom ne l'indique pas, le barbarie fut rapporté d'Amérique du Sud par les conquistadors. Les Anglais, un peu déroutés par son goût puissant et musqué, le baptisèrent *Muscovy*. Selon Alexandre Dumas, « le canard comporte quarante-deux variétés, parmi lesquelles le canard musqué, dont il faut, avant de le cuire, couper le croupion, sinon il sentira le musc à écœurer ». Le Barbarie est un canard dit maigre. C'est aujourd'hui l'espèce d'élevage la plus répandue. Il est riche en viande et se range dans la catégorie des canards à rôtir. Il est abattu au cours de sa 10e semaine. On le reconnaît à son poids (1,2 à 1,6 kg) et à son bec encore souple. Il faut le choisir un peu gras, à la peau fine, pas trop granuleuse et exempte de traces de coups.

Dans le commerce, il est vendu soit :

- « effilé », c'est-à-dire éviscéré et sans abats.
- « prêt-à-cuire », c'est-à-dire éviscéré avec foie et gésier.

Challans ou Nantais

Très rare, ce canard à la chair maigre et fine est un dérivé du Barbarie issu d'un élevage plus lent et d'une sélection plus exigeante. Commercialisé à Nantes, il est plus connu sous le nom de canard nantais. Il se distingue par un plumage sombre et possède un label rouge depuis vingt ans. Abattu entre son 74e et son 77e jour, il reçoit une alimentation exclusivement végétale composée à 75 % de céréales. Le fameux canard au sang, spécialité qui fait la renommée de « La Tour d'Argent » depuis 1890, est un challans étouffé et saigné au moment de l'abattage.

Au marché, on trouvera des canettes de Challans de 1,5 à 2 kg ou des découpes, cuisses, filets, etc. Pour s'assurer de son appartenance à l'espèce des challans, vérifiez bien la présence du label. Sa chair fine est moins grasse que celle de son mari. Elle est encore meilleure au printemps.

Les canards sauvages ou canards maigres

Colvert

C'est l'espèce naturelle la plus répandue en France. On le reconnaît à son plumage vert et marron. Son poids ne doit pas dépasser 1 kg. Pour répondre à la demande croissante, il est souvent issu d'élevages de gibier en période de chasse. Sa chair serrée et parfumée ne doit jamais être faisandée. Un colvert suffit à nourrir 2 personnes mais les affamés peuvent le déguster tout entier. On aurait tort de se priver : comme tous les gibiers, la chair du canard sauvage est beaucoup plus maigre que celle du canard d'élevage.

Croisé

Il s'agit d'un croisement entre le colvert et le canard d'élevage.

Les autres…

D'autres espèces, le souchet, le chipeau, la sarcelle, le siffleur et le pillet offrent une chair très prisée des gastronomes.

Foie gras mode d'emploi

Comment choisir son foie gras cru ?

Que vous achetiez votre foie chez un producteur, un volailler ou en grande surface, ouvrez l'œil ! Un bon foie de canard ne doit pas peser plus de 600 grammes, idéalement entre 400 et 500 grammes. Sa couleur doit être beige rosé. Trop jaune, il sera trop gras. Sa texture doit être ferme au toucher. Tâtez-le à la pointe du lobe. Excepté au marché - et encore ! - privilégiez les foie gras qui sont vendus sous vide car ils se conservent plus longtemps.

Que signifient les mentions sur les étiquettes ?

Le meilleur foie est celui de « qualité extra A ». C'est un foie mulard à la texture ferme qui ne rend presque pas de graisse à la cuisson et peut être dégusté cru.
Le foie de « qualité extra B » est un foie mulard ou de Barbarie qui convient très bien pour le cru, le mi-cuit ou les conserves.
Le foie de « première qualité » est un foie plus souple, qui rend plus de gras et constitue une bonne base culinaire (sablé, soufflés...).
Les foies de « deuxième » et de « troisième qualité » sont à éviter, ainsi que les foies estampillés « TV » (tout-venant), sauf pour la confection de mousses ou de pâtés.

Que dois-je faire si mon foie comporte des taches ou s'il est légèrement verdâtre ?

Il n'appartient probablement pas à l'une des meilleures catégories mais cela ne signifie pas qu'il soit impropre à la consommation. Faites-lui prendre un bain de lait pendant quelques heures pour le faire dégorger avant de le cuisiner.

Foie gras « frais » ou « mi-cuit » ?

Tout dépend de votre goût et de la durée de conservation recherchée.
• Le foie gras « frais » est cuit à très basse température (60 °C). C'est le plus fin au goût, mais aussi le plus fragile donc le plus rare.
• Le « mi-cuit » est un foie pasteurisé mais non stérilisé, c'est-à-dire cuit à température basse (70 °C). Ces deux types de foie (frais et mi-cuit) doivent être conservés au frais. Faites bien attention à la date limite de conservation indiquée sur l'emballage.
• Le foie cuit en conserve a été stérilisé. Il peut rester plusieurs années dans un placard. On prétend même qu'il se bonifie avec le temps.

Pas facile non plus de s'y retrouver parmi les différents types de conserves...

Là aussi, il faut connaître le jargon des pros. Laissez-moi vous présenter toute la famille, du plus prestigieux au plus commun :

« Foie gras entier » : un ou plusieurs foies extras, cuisinés entiers.

« Foie gras » : morceaux de foie entier agglomérés.

« Bloc de foie gras avec morceaux » : morceaux de foie gras écrasés et reconstitués, dont 30 % de morceaux entiers.

« Bloc de foie gras » : Foie gras malaxé et reconstitué.

Le foie gras est recommandé par les nutritionnistes…

C'est exact. Depuis peu, on s'est aperçu que la graisse du canard faisait partie des « bonnes graisses » et qu'elle freinait les risques de maladies cardio-vasculaires. En effet, la graisse de nos palmipèdes préférés contient deux fois moins de graisses saturées – nocives pour la santé – que le beurre. Ainsi, il est préférable de cuire ses pommes de terre à la graisse de canard ou d'oie plutôt qu'au beurre.
Le foie gras reste un aliment hautement calorique : 450 calories environ pour 100 grammes. Toutefois, un foie de bonne qualité et riche en parfums n'est jamais consommé en grande quantité.
Mon conseil : ne vous privez pas mais évitez de vous gaver de pain et méfiez-vous de la salade verte dont l'assaisonnement est souvent très riche en graisses.

Comment préparer le foie cru avant de le cuisiner ?

Il faut d'abord veiller à retirer le fiel (la poche verte) puis ôter le nerf central en le dégageant à l'aide d'un petit couteau pointu. Évitez de retirer tous les petits nerfs du foie sous peine de le réduire en charpie et de lui faire perdre tout son gras à la cuisson. Si vous avez le temps, laissez-le reposer 1 à 3 heures dans l'eau glacée après l'avoir dénervé. Cette étape n'est pas indispensable, mais elle permet d'assouplir le foie tout en lui donnant une excellente tenue à la cuisson.

Comment acheter des escalopes de foie gras ?

Les volaillers vendent rarement le foie prédécoupé. Si vous possédez un congélateur, achetez un foie entier, découpez-le en escalopes de 80 à 100 g chacune et congelez celles que vous n'utilisez pas immédiatement. Vous n'aurez plus qu'à les faire cuire à la minute, sans décongélation. On trouve aussi des escalopes prédécoupées chez Picard surgelés, prélevées sur des foies de très bonne qualité.

Quel vin servir avec le foie gras ?

Contrairement à une idée reçue, le vin rouge s'accorde parfaitement avec le foie gras, surtout le foie de canard, de même que le champagne ou le vin blanc sec. Donc, pas d'interdits.
En revanche, le choix du pain peut conditionner le choix du vin. Ainsi, le vin rouge s'accordera mieux avec le pain de campagne tandis que le vin blanc sec, doux, ou le champagne accompagneront parfaitement le pain de mie, brioché ou non, légèrement toasté.

Combien de temps se conserve le foie gras ?

À conserver au réfrigérateur (entre 0 et 4 °C) :
• Le moins de temps possible (48 heures au maximum) pour le foie gras cru ; Odette le prépare le jour même de l'achat du canard gras. (Voir la préparation du foie gras, page 26.)
• plusieurs jours au réfrigérateur pour le foie gras « frais », vérifiez la date de conservation inscrite sur l'emballage.
• 3 semaines à 6 mois au réfrigérateur pour le foie gras mi-cuit (ou semi-conserve), selon la température de pasteurisation et le conditionnement. Consultez l'emballage.
• 2 à 4 ans pour le foie gras en conserve (au frais, à moins de 20 °C).
• Et n'oubliez pas… les surgelés ne sont pas éternels : les foies surgelés doivent être consommés dans l'année qui suit leur achat.

Et le foie gras surgelé ?

C'est un peu plus cher que chez le volailler mais le foie est déjà dénervé. Un travail qui vaut son prix !
On trouve des foies gras crus de très bonne qualité chez Picard surgelés. Vous pouvez acheter des escalopes prédécoupées ou des lobes entiers. Les escalopes sont idéales pour les repas chic improvisés car elles s'utilisent sans décongélation.
En revanche, les foies entiers doivent être cuisinés décongelés : 1 heure dans un bain d'eau froide, ou 6 heures au réfrigérateur.

Stage de gras chez Odette

La fête au canard

Plus qu'un simple recueil de recettes, ce livre est un carnet de notes prises au fil des envies, des rencontres et des ratages (corrigés, rassurez-vous). Odette fut l'une des rencontres les plus marquantes de ces pérégrinations. Elle connaît tous les secrets du canard, prodiguant recettes et conseils sans retenue. Bien entendu, pas question pour elle d'acheter des magrets prédécoupés ou des cuisses confites au supermarché. Elle se procure l'oiseau vivant à la ferme de son village et, chaque mois, fait « la fête au canard ». Les copains repartent avec des bocaux de confit et des foies gras d'anthologie. Elle se réjouit d'être la mère nourricière de Figeac.

Cet hiver, elle m'a appris à juger un foie gras frais au premier coup d'œil, à apprécier son teint lactescent, à distinguer ce point rouge, signe d'un sacrifice récent, à humer son arôme de noisette. Grâce à elle, je reconnais désormais instantanément le bon canard en vérifiant son poids, l'éclat de son bec, la souplesse de sa peau, la tendreté de sa chair.

Elle m'a appris, enfin, à en cuisiner tous les attributs, à détacher le « manteau » comme elle dit, à préparer les fritons, à dénerver les foies, à mijoter les confits.

Odette est incontestablement la reine du canard. Même si elle ne quitte son Aveyron natal que pour assister aux concerts de Michel Sardou, j'espère qu'un jour elle me fera le plaisir de venir à Paris goûter le pot-au-feu du Velly, la salade thaï de Thiou ou l'une de mes petites recettes de Parisienne pressée.

La découpe du canard gras

Comment détacher les chairs et la graisse du canard (appelées couramment le « manteau ») ?

Je vous conseille d'utiliser un couteau à lame lisse et très affûtée.

1 Coupez la tête si cela n'a pas été fait par votre volailler. Réservez ensuite le cou (pour le farcir, éventuellement) en découpant les chairs au niveau du col, au-dessus des épaules.

2 Faites une incision profonde sur toute la longueur de la poitrine, en allant du col au croupion. Glissez les doigts au niveau du cou, sous chaque pan de chair, et décollez les chairs en les retournant, comme si vous vouliez « déshabiller » le canard.

3 Lorsque vous atteindrez les jointures des ailes, coupez les attaches au ras de la carcasse de façon à emporter les ailes avec « le manteau ». Faites de même avec les cuisses. Vous découvrirez une boule de graisse située dans le bas du ventre. Ne la retirez pas, mais dégagez les chairs qui l'entourent et laissez-la attachée à la carcasse.

4 Terminez en dégageant le croupion de façon à pouvoir l'entraîner avec le manteau.

5 Fendez la carcasse en deux. Retirez le foie très délicatement en prenant soin de ne pas crever la poche de fiel. Jetez cette poche et réservez le foie. Dégagez le cœur et le gésier.

6 Retirez ensuite le boule de graisse ainsi que toutes les parties graisseuses attachées de la carcasse et placez-les dans un saladier. Vous ferez fondre cette graisse pour confectionner vos confits.

Comment découper le manteau ?

Posez le manteau bien à plat sur le plan de travail.
Cernez le croupion avec la lame pour le détacher.
Coupez le manteau en deux, de haut en bas, puis chaque moitié en quatre en passant votre lame en diagonale, entre l'aile et la cuisse.

Coupez ensuite l'excédent de graisse qui entoure chaque quartier, en veillant à laisser 2 cm de graisse en bordure des chairs.

Que fait-on ensuite avec…

Le cou

En réalité ce n'est que la peau du cou qui va servir à préparer les traditionnels cous farcis. La chair du cou se cuit en principe avec d'autres morceaux pour le confit ou bien pour les fritons.

Les ailes

Vous pouvez les faire en confit, ou bien aussi les faire rôtir.

Les cuisses et les magrets

Ces pièces maîtresses de la bête peuvent se cuisiner de toutes les manières que ce soit en confit, rôties, mijotées, cuites au sel, etc.

Le gésier et le cœur

Vous ne ferez guère que des pots de gésiers ou de cœurs confits.

La carcasse

La carcasse vous servira à préparer les fameux fritons ainsi que des soupes ou des bouillons.

Conserve de foie gras au naturel

Pour la préparation du foie gras, je vous livre tout ce que j'ai retenu de mon cours de gras auprès d'Odette :

1 Après avoir dégagé le foie de la bête (ou de retour du marché pour les moins courageux, comme certains d'entre vous… et moi), elle retire très délicatement la poche de fiel coincée entre les deux lobes en s'aidant d'un petit couteau à lame fine et pointue. À ce moment-là Odette est très concentrée. Ce serait une véritable catastrophe, si, d'un geste maladroit, elle perçait la poche de fiel !

2 Elle place ensuite le foie au frais si elle ne le cuisine pas tout de suite. Si vous l'avez mis au réfrigérateur, pensez à le sortir 30 minutes avant de le préparer pour qu'il soit souple et pas trop cassant.

3 Arrive ensuite l'étape la plus délicate : le dénervage. Odette m'a expliqué l'essentiel : il faut retirer le gros nerf central sans s'acharner sur l'arborescence des petits nerfs périphériques qui infiltrent le foie. « Sinon, tu risques de le mettre en charpie et de lui faire perdre toute sa graisse à la cuisson » et donc autant de moelleux. Odette commence donc par dégager le nerf central avec le même petit couteau pointu, elle remonte le long de celui-ci et tire sans forcer de façon qu'il s'extraie tout seul des lobes. Voilà, le foie est prêt à être cuisiné. Merci Odette !

Faut-il impérativement dénerver le foie gras ?

Tous les foies n'ont pas besoin d'être dénervés, cela dépend de l'usage que l'on en fait. Si vous le cuisinez entier (terrine, poché, papillote), c'est indispensable. Si vous le découpez cru (escalopes, brochettes, carpaccio, ravioles, burger…), c'est inutile car les nerfs apparaîtront sur le plat des tranches comme des petits points que vous n'aurez plus qu'à retirer avec une pince à épiler.

Foie gras mi-cuit en conserve au naturel

Pour 4 à 6 personnes
5 minutes de préparation
30 minutes de cuisson

1 foie gras de canard cru de 500 g environ
2 cuillers à soupe de graisse de canard
Sel et poivre mignonnette

Dénervez le foie en retirant le gros nerf apparent. Salez et poivrez-le de toutes parts. Enroulez-le sur lui-même dans vos mains et placez-le dans le bocal. Déposez la graisse de canard sur le dessus. Refermez le bocal sans oublier la languette en caoutchouc. Faites cuire 30 minutes au stérilisateur ou dans une cocotte, couvert d'eau bouillante. Laissez refroidir et conservez 2 à 3 mois dans un endroit frais ou dans le bas du réfrigérateur.

Confit
de Canard

La préparation du vrai confit

Nous sommes depuis si longtemps habitués à acheter le confit tout préparé qu'il ne nous viendrait même pas à l'idée de le cuisiner nous-mêmes. Il s'agit pourtant d'un mode de conservation élémentaire et universel qui demande plus de patience que de dextérité. Sans parler du plaisir de proposer un confit maison…

Pour 6 personnes
15 minutes de préparation
1 nuit de repos
2 heures de cuisson

3 bocaux à capsule de 1 litre

1 canard gras mulard ou de Barbarie
1 bouquet garni (thym et laurier)
3 clous de girofle
2 cuillers à soupe de gros sel
graisse de canard en pot

Lavez et séchez le canard. Découpez-le (voir découpe du canard en détails page 25) : vous devez obtenir 2 magrets, 2 cuisses, 2 ailes. Salez les morceaux, couvrez et laissez-les reposer pendant la nuit.

Le lendemain, coupez le manteau de gras en petits dés. Faites-les fondre dans une grande cocotte puis ajoutez les morceaux de canard, les clous de girofle et le bouquet garni. La graisse doit les recouvrir presque entièrement. Si ce n'est pas le cas, rajoutez-en (graisse de canard en pot).

Laissez cuire 2 heures à 2 heures 30 à feu très doux (retirez les petits morceaux en premier et les cuisses à la fin de la cuisson).

Égouttez les morceaux de canard tiédis et introduisez-les dans les bocaux. Ils doivent être bien serrés pour empêcher qu'ils s'écrasent. Filtrez la graisse et recouvrez-en les morceaux de canard dans les bocaux. Fermez les bocaux.

Vous pouvez conserver le confit 4 ou 5 jours au frais. Vous pouvez aussi le stériliser. Pour cela, placez les bocaux dans un stérilisateur ou une cocotte remplie d'eau bouillante et maintenez-les 1 heure à 105 °C (petite ébullition). Retirez-les et laissez refroidir avant d'entreposer au frais. Ce confit se conserve plusieurs années dans un endroit frais et sec.

Conseil • Le volume de graisse doit être égal à la moitié de la contenance des pots (ici : 1,5 litre).
Conservez les morceaux filtrés et salez-les : ce sont les fritons (voir recette page 34) que vous pouvez conserver au frais ou en bocal et manger à l'apéritif.

Confit de canard aux oignons d'Odette

Pour 4 personnes
5 minutes de préparation
15 minutes de cuisson

4 cuisses de canard confites
4 gros oignons
4 cuillers à soupe de câpres au vinaigre
Sel et poivre

Retirez la plus grande partie de la graisse qui entoure les cuisses. Faites-les revenir côté peau dans une grande poêle. Dès que la graisse est fondue, ajoutez les oignons émincés. Laissez cuire 10 minutes en retournant les cuisses et en remuant les oignons régulièrement. Ajoutez les câpres avec 1 cuiller à soupe de leur vinaigre, salez, poivrez, mélangez 1 à 2 minutes à feu vif. Servez les cuisses avec les oignons aux câpres. Accompagnez de pommes de terre à l'ail et aux cèpes.

Confit des villes

Pour 6 personnes
2 heures 30 à 3 heures de cuisson

Sel et poivre
2 feuilles de laurier coupées en petits morceaux
6 gousses d'ail écrasées
2 cuillers à soupe de romarin haché
5 cuillers à soupe de thym émietté
1/4 de cuiller à café de noix de muscade râpée
12 cuisses de canard
2 kg de graisse de canard

Mélangez le laurier, le romarin et la noix de muscade avec 1 cuiller à soupe de gros sel et quelques tours de moulin à poivre. Saupoudrez-en les cuisses de canard dans un récipient que vous couvrirez et placerez au réfrigérateur pendant au minimum 12, voire 48 heures.

Rincez le canard à l'eau froide et épongez-le soigneusement avec du papier absorbant.

Faites fondre la graisse de canard à feu doux dans une cocotte en remuant de temps en temps, incorporez l'ail et le thym puis mouillez avec un verre d'eau. Une fois la graisse fondue, ajoutez les cuisses de canard et faites mijoter à feu doux pendant 2 heures 30 à 3 heures jusqu'à ce qu'elles soient bien tendres.

Placez-les dans une terrine ou un pot en grès ou en verre (jamais de récipient métallique).

Quand la graisse est un peu refroidie, filtrez-la et versez-la sur les morceaux de canard en veillant à les recouvrir totalement. Couvrez et conservez au réfrigérateur ou dans un endroit frais. Attendez au moins 15 jours avant de consommer.

Pour servir, retirez les morceaux de canard de la graisse et faites-les frire 15 à 20 minutes au four (180 °C, thermostat 6) ou rissoler à la poêle. Servez chaud avec des lentilles et des pommes de reinette poêlées dans la graisse de canard.

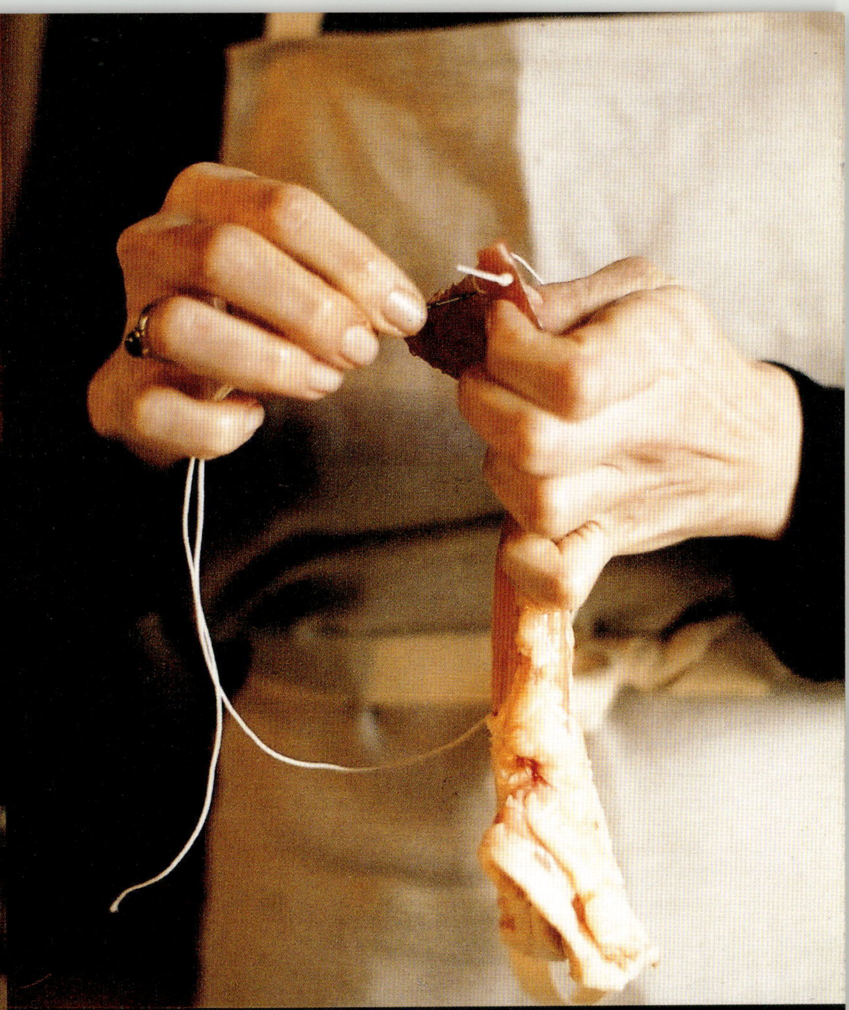

Cou de canard farci

Je redoutais un peu cette recette. L'idée de dépecer puis de farcir le cou de mon oiseau favori n'avait rien de très réjouissant. Il m'a suffi d'observer Odette pour me persuader que les hommes farcissaient des cous depuis l'Antiquité et qu'aucune opération culinaire n'était plus naturelle. Aujourd'hui, je suis particulièrement fière de savoir préparer le cou farci. Toutes les Parisiennes ne peuvent pas en dire autant !

Pour 4 personnes
20 minutes de préparation
1 heure 15 de cuisson

2 peaux de cous de canard
150 g de chair de canard
1 kg de graisse de canard
10 cl d'armagnac
100 g de foie gras
Sel et poivre
250 g de chair à saucisse

Retirez délicatement la peau du cou de 2 canards gras et mettez-les à mariner aussitôt dans l'armagnac au minimum 1 heure.

Hachez la chair du canard, coupez le foie gras en petits dés, salez et poivrez, ajoutez un peu d'armagnac de la marinade et mélangez bien avec la chair à saucisse. Égouttez la peau du cou et cousez l'extrémité la plus large. Introduisez la farce et cousez l'autre extrémité.

Dans une marmite, portez la graisse de canard à ébullition puis faites cuire 1 heure 30 dans la graisse de canard bouillante.

Conseil • Les cous sont cuits lorsqu'ils remontent à la surface. Conservez-les dans des pots de verre ou de grès après les avoir recouverts de graisse. Accompagnez d'un monbazillac.

Rillettes légères de canard aux cèpes

J'avoue que l'appellation « rillettes » est ici honteusement usurpée. Certes, la viande mijote lentement mais il ne s'agit pas de petits morceaux de chair grattés sur la carcasse et cuits à grand renfort de graisse, mais de viande noble pochée à l'eau comme un confit puis effeuillée et parfumée aux cèpes secs. Une sorte de confiture de canard des plus diététiques. Les lardons ? C'est un minimum. Nous sommes dans l'Aveyron, pas à Quiberon !

Pour 6 personnes
2 heures 15 de cuisson

4 magrets de canard
200 g de lardons fumés
4 brins de romarin
4 brins de thym
2 feuilles de laurier
Sel et poivre
80 g de cèpes séchés

Déposez les magrets et les lardons dans une cocotte à fond épais, ajoutez les herbes et couvrez d'eau. Salez, poivrez et portez à ébullition. Laissez mijoter à feu doux pendant 1 heure 1/2. Retirez les magrets, ôtez la peau et coupez la chair. Remettez les morceaux dans la cocotte, ajoutez les cèpes passés sous un filet d'eau froide et laissez réduire à feu doux jusqu'à dessèchement. Comptez environ 45 minutes. Hachez la préparation au couteau ou au hachoir. Rectifiez l'assaisonnement et laissez refroidir. Servez avec du pain de campagne toasté.

Fritons

Lorsqu'il s'agit de canard, Odette n'est jamais prise de cours. Lorsque les copains ont épuisé tout son stock hivernal de foie gras, il lui reste toujours un bocal de fritons. À consommer froids – franchement, moi je les trouve un peu lourds – ou chauds, en salade ou en omelette.

Pour 6 à 8 personnes
15 minutes de préparation
3 heures de cuisson
1 heure 30 de stérilisation

2 bocaux d'une contenance de 200 g

Les restes d'une carcasse de canard gras
(viande et graisses restant autour de la carcasse
après avoir ôté les morceaux)
Sel et poivre

La graisse, la peau et la viande non utilisées du canard gras permettent d'élaborer de délicieux fritons. Idéalement, vous les cuirez en même temps que les confits.

Découpez la carcasse et récupérez le maximum de viande après avoir retiré les principaux morceaux. Les fritons doivent comporter plus 50 % de viande pour ne pas être trop gras.

Salez et poivrez la peau et la graisse, découpez-les en dés d'environ 5 millimètres. Placez-les dans une marmite, ajoutez les morceaux de viande et la carcasse. Laissez cuire 3 heures minimum, en remuant souvent afin que les morceaux n'attachent pas au fond.

Égouttez tous les morceaux de viande et détachez ceux qui sont encore attachés à la carcasse. Veillez à bien retirer les petits os, s'il en reste.

Égouttez les petits cubes de graisse et ajoutez-les à la viande. Faites en sorte d'obtenir plus de viande que de graisse. Mélangez bien.

Remplissez les bocaux du mélange encore chaud sans aller jusqu'au bord. Fermez-les, essuyez-les et placez-les dans le stérilisateur ou dans une cocotte. Couvrez d'eau bouillante et faites cuire à petits bouillons pendant 1 heure 1/2. Sortez les bocaux et laissez-les refroidir avant de les ranger dans un endroit frais. Une fois stérilisés, les fritons se conservent 2 à 3 mois. Au-delà, ils risquent de rancir.

Terrines

Terrine de foie gras aux févettes

Des fèves, où ce qui vous chante... Il s'agit davantage d'une technique que d'une véritable recette. Entre les tranches de foie gras frais poêlées, glissez ce que vous aimez : des lamelles de fruits dorées au beurre, des fruits secs marinés, de la chair de canard effeuillée ou, comme ici, des févettes croquantes et sucrées. Je vous vois déjà faire la grimace à l'idée d'écosser puis de dérober les fèves, c'est-à-dire de les déshabiller de leur enveloppe. Si le temps ou le courage vous manque, laissez-vous aider par Picard surgelés. Et ne le dites à personne, ils ont l'habitude de rester dans l'ombre.

Pour 6 personnes
10 minutes de préparation
2 heures de repos
10 minutes de cuisson

1 petite terrine ou 1 pot en verre

1 foie gras cru de 500 g environ dénervé
1 kg de fèves fraîches dans leur cosse
ou bien 350 g de fèves extra-fines écossées surgelées
1 cuiller à café de cannelle en poudre
Sel et poivre blanc

Faites raidir le foie gras 2 heures dans un bain d'eau glacée.

Dans le cas de fèves fraîches : écossez-les puis plongez-les dans une grande casserole d'eau bouillante salée et laissez-les cuire 3 minutes. Égouttez-les et rafraîchissez-les. Retirez délicatement leur peau.

Taillez le foie de biais en six escalopes. Salez-les et parsemez-les de cannelle. Poêlez ces escalopes 40 secondes sur chaque face à feu très vif. Poivrez. Déposez 2 escalopes dans le fond d'un pot en verre ou d'une petite terrine. Couvrez de févettes et recommencez l'opération en terminant par deux escalopes. Laissez refroidir. Posez un petit poids sur la terrine et laissez prendre au frais. Servez le lendemain, coupé en tranches.

Terrine de foie gras aux figues sèches

Le foie gras est si exquis et si délicat qu'il paraît impossible de le réaliser soi-même. Finalement, il suffit de dépasser ces appréhensions pour se sentir grisé et ne pouvoir s'empêcher d'« enterriner » à tours de bras. Je le confesse : c'est l'une de mes pathologies culinaires. Cette terrine est fourrée aux fruits secs et cuite à la vapeur mais vous pouvez l'interpréter à l'infini en substituant d'autres fruits secs ou frais aux figues, en cuisant le foie au micro-ondes, au four ou à la vapeur. Simple et souple.

Pour 6 personnes
10 minutes de préparation
12 heures de refroidissement
30 minutes de cuisson
24 heures de repos

1 foie gras cru de 650 g environ
1 verre à liqueur de banyuls
1/2 cuiller à café de grains de cardamome
1/3 de cuiller à café de cannelle en poudre
1 pincée de girofle en poudre
Sel et poivre du moulin
100 g de figues sèches

Séparez les deux lobes et retirez les veines apparentes. Placez-les dans un plat creux, arrosez avec l'alcool, saupoudrez d'épices, salez, poivrez généreusement et retournez-les plusieurs fois dans la marinade.
Tapissez le fond d'une terrine aux dimensions du foie avec l'un des deux lobes. Coupez les figues sèches en dés. Disposez-les dans les interstices et sur un lobe puis recouvrez avec l'autre lobe. Versez 1 cuiller à soupe de marinade sur la terrine, couvrez avec du film alimentaire et entreposez au frais pendant 12 heures.

Préchauffez le four à 150 °C. Posez la terrine non couverte dans un bain-marie d'eau à environ 70 °C. Faites cuire 30 minutes. Retirez du four et laissez tiédir dans le bain-marie pendant 2 heures. Posez une petite planche de la dimension de la terrine, pressez légèrement et entreposez 24 heures au réfrigérateur. Ce plat peut être conservé jusqu'à 6 jours au réfrigérateur.

Terrine de foie gras vapeur aux raisins

La vapeur est le mode de cuisson le moins agressif qui soit, ce qui en fait l'un des plus recommandés pour le foie gras. Cuit dans sa terrine ou dans un bocal, il perd très peu de graisse et reste rosé à cœur.

Pour 6 personnes
5 minutes de préparation
30 minutes de cuisson

1 panier-vapeur

1 foie gras cru dénervé de 450 g
100 g de raisins secs
5 cuillers à soupe de sherry ou fino
1/2 cuiller à café de sel
1/4 cuiller à café de poivre blanc
1 cuiller à café de gingembre en poudre

Posez les raisins dans un bol. Couvrez-les de sherry. Laissez-les gonfler 15 minutes. Mélangez le sel, le poivre et le gingembre.

Coupez le foie gras en 3 tranches dans l'épaisseur. Déposez une tranche de foie au fond d'une petite terrine, saupoudrez avec un tiers du sel épicé, couvrez avec une couche de raisins et recommencez l'opération. Terminez avec une couche de foie, saupoudrez de sel et tassez bien. Versez 1 cuiller à soupe de marinade de raisin sur le foie. Entourez de 3 couches de papier d'aluminium afin que la terrine soit complètement hermétique. Faites cuire dans le panier-vapeur 30 minutes. Laissez refroidir puis mettez au frais. Cette terrine peut se consommer le lendemain et se conserve une semaine.

Variante • **Les raisins peuvent être remplacés par des figues sèches ou des pruneaux coupés en lamelles.**

Marbré de canard au chou

Pour 8 personnes
30 minutes de préparation
24 heures de refroidissement

180 g de foie gras mi-cuit
1 magret fumé non tranché
3 feuilles de gélatine
1/4 de chou frisé
30 cl de bouillon de poule, maison ou en cube
Sel et poivre du moulin
1/2 cuiller à café de curry en poudre

Faites ramollir la gélatine dans un bol d'eau froide. Retirez les feuilles extérieures et le trognon du chou. Faites chauffer le bouillon puis retirez du feu. Essorez les feuilles de gélatine et incorporez-les au bouillon en remuant.

Sortez le foie gras de son contenant, retirez la graisse jaune et replacez-le au réfrigérateur. Faites sauter les feuilles de chou 2 minutes dans une poêle avec 2 cuillers à soupe de graisse de foie gras et le curry. Salez et poivrez. Retirez la graisse du magret et découpez la chair en allumettes. Tapissez une terrine de film alimentaire. Étalez un tiers du chou dans le fond, déposez une couche de magret, une couche de chou, le foie gras taillé en tranches d'1 centimètre et terminez par le chou. Versez le bouillon délicatement, pressez bien et couvrez. Placez au frais 24 heures au moins avant de servir. Découpez en tranches et servez avec des toasts de pain aux noix.

Conseil • **Ajoutez une couche de lamelles de pommes que vous aurez poêlées dans un peu de graisse de foie gras.**

Foie gras en gelée de poivre

Pour 6 personnes
10 minutes de préparation
1 nuit + 2 heures de repos
15 minutes de cuisson

1 foie gras cru de 600 g environ
600 g de graisse de canard
8 g de sel fin (1 cuiller à soupe rase)
2 g de poivre blanc en poudre

Pour la gelée :
15 g de gelée en poudre
25 cl d'eau
4 cuillers à soupe de vinaigre de vin doux du style banyuls ou vinaigre de cidre
10 g de sucre
1 cuiller à soupe de cognac
5 g de poivre mignonnette (2 cuillers à café)

Conservez le lobe entier sans le dénerver mais retirez ou grattez le fiel apparent. Assaisonnez avec le sel et le poivre. Placez au frais.

Préchauffez le four à 160 °C (thermostat 5-6). Placez la graisse dans un plat creux allant au four et enfournez. Laissez chauffer jusqu'à ce qu'elle frémisse très légèrement. Posez le foie dans le plat. Laissez cuire 15 minutes en retournant à mi-cuisson.
Retirez le foie à l'aide d'une écumoire et posez-le dans un plat creux. Couvrez de papier d'aluminium et laissez reposer 1 nuit au frais.

Le lendemain, délayez la gelée et l'eau puis portez à ébullition.

Dans une autre casserole, faites cuire le vinaigre et le sucre jusqu'à ce qu'il soit sirupeux. Ajoutez le cognac et remuez. Versez sur la gelée et laissez refroidir.

Recouvrez le foie de gelée à mi-hauteur, parsemez de mignonnette et laissez prendre 15 minutes au froid avant de rajouter la dernière couche de gelée. Placez 2 heures au frais et servez en tranches de 1 centimètre.

Foie gras cuit-cru au sel

Ceux qui se sont essayé à la préparation du foie savent que la cuisson en est l'étape la plus délicate. Ce produit fragile exige une précision et une vigilance extrêmes. Cette recette va vous libérer de cette terrible pression : plus de four, plus de minuterie, rien que la liberté d'aller dormir sur vos deux oreilles pendant que le foie cuit au contact du sel. J'ai revisité ce plat du répertoire classique en y ajoutant sucre et poivre, à la façon d'un gravlax de saumon. Préparé ainsi, le foie ne perd pas sa graisse et révèle des arômes d'alcool et de noisette inattendus. À essayer absolument.

Pour 6 personnes
10 minutes de préparation
12 heures de marinade
48 heures de repos

1 foie gras cru dénervé de 450 g environ
750 g de gros sel
250 g de sucre en poudre
1 cuiller à soupe de grains de poivre noir concassés
1 grande compresse (gaze, en vente en pharmacie)

Faites tremper le foie pendant 2 heures dans l'eau froide. Égouttez-le puis séchez-le. Entourez-le d'une gaze de façon à ce qu'il soit parfaitement protégé.

Mélangez le sel, le sucre et le poivre. Dans un plat creux ou un petit saladier, versez une couche de sel aromatisé, déposez le foie puis recouvrez-le avec le reste du sel. Placez le plat au réfrigérateur et laissez reposer une nuit, soit environ 12 heures.

Le lendemain, retirez la gaze en prenant soin d'ôter toute trace de sel, tassez le foie dans une terrine et laissez-le reposer de nouveau 48 heures au frais, à couvert. Servez en tranches fines, avec des toasts de pain de campagne bien chauds.

Conseil • Pour concasser le poivre facilement, passez-le quelques secondes au mixeur.

Le foie peut attendre 4 jours au frais avant d'être dégusté. Il n'en sera que plus ferme.

Foie gras mi-cuit poché au vin épicé

Pour 6 personnes
1 heure de trempage
5 minutes de préparation
45 minutes de cuisson
1 nuit de repos

1 foie gras cru dénervé de 500 g
1/2 cuiller à café de fleur de sel
Poivre du moulin
1 bouteille de vin rouge un peu corsé (minervois, côtes-du-rhône…)
3 étoiles de badiane
2 lamelles de zeste d'orange
1 cuiller à café d'extrait de vanille liquide
1 bâton de cannelle
10 grains de poivre noir
4 clous de girofle

Trempez le foie 1 heure dans l'eau froide. Séchez-le. Salez et donnez 8 tours de moulin à poivre. Enroulez-le bien serré dans un torchon.

Dans une casserole à la dimension du foie, versez le vin et ajoutez le reste des ingrédients, à l'exception du foie. Portez à ébullition et laissez bouillir 5 minutes à feu doux pour que les épices dégagent leur parfum. Coupez le feu et plongez aussitôt le foie. Le vin doit le couvrir complètement. Couvrez et laissez reposer 45 minutes.

Égouttez le foie sans le sortir du torchon et laissez reposer 1 nuit dans un plat au réfrigérateur.

Le lendemain, retirez le foie du torchon et servez-le tel quel, avec des toasts de pain de campagne grillé.

Idée • Faites confire des échalotes dans le vin restant. Chauffez le vin en y ajoutant 20 grammes de sucre et 3 cuillers à soupe d'huile d'olive puis plongez-y les échalotes pelées. Laissez cuire 1 heure à feu doux.

Foie gras en gelée de coco

Les meilleures recettes naissent souvent du poids des contraintes. Pour utiliser un reste de lait de coco ayant servi à préparer un curry, j'ai imaginé cette recette toute simple où le lait, utilisé pour pocher le foie gras, est ensuite transformé en une délicate gelée. Discrètement aromatisée au galanga, une racine cousine du gingembre, la gelée protège et accompagne parfaitement le foie gras

Pour 6 personnes
10 minutes de préparation
20 minutes de cuisson
1 nuit de repos

1 foie gras cru dénervé de 500 g
3 feuilles de gélatine
50 cl de lait de coco
2 cuillers à café rases de fleur de sel
1 cuiller à soupe de sucre en poudre
1/2 cuiller à café de poivre blanc moulu
1 petit morceau de racine de galanga

Faites ramollir les feuilles de gélatine en les couvrant d'eau froide. Salez le foie gras avec la moitié du sel. Pelez le galanga et émincez-le dans le lait de coco. Portez le lait à ébullition, salez, sucrez et poivrez. Plongez-y le foie et laissez-le cuire 20 minutes à petits bouillons.

Égouttez ensuite le foie gras et déposez-le dans une terrine adaptée. Filtrez le lait de coco. Égouttez les feuilles de gélatine et incorporez-les au lait de coco. Remuez jusqu'à dissolution et versez sur le foie. Laissez refroidir avant de couvrir et de mettre au frais.

Servez le lendemain, coupé en tranches.

Conseil • **Décorez la terrine en l'entourant de quelques feuilles de basilic thaï et accompagnez de mangues poêlées au beurre.**

Terrine de foie gras poêlé à la mangue

Pour 6 personnes
10 minutes de préparation
Quelques minutes de cuisson

1 foie gras cru dénervé de 500 g
2 mangues jaunes pas trop mûres
(thaïlandaises oblongues, de préférence)
Sel et poivre
3 cuillers à soupe de vinaigre de vin
1 cuiller à soupe de sucre

Épluchez les mangues puis coupez-les en lamelles le long du noyau. Taillez le foie en quatre tranches dans l'épaisseur.

Salez et poivrez le foie gras puis passez-le à la poêle 2 minutes de chaque côté à feu vif. Réservez.

Dans la graisse de cuisson du foie, faites revenir les lamelles de mangues pendant 5 minutes puis déglacez avec le vinaigre. Saupoudrez d'un peu de sucre et laissez caraméliser 1 minute.

Disposez 1 tranche de foie poêlé au fond d'une petite terrine et couvrez de lamelles de mangues. Renouvelez l'opération trois fois en terminant par le foie gras. Arrosez avec le jus de cuisson et laissez refroidir. Pressez légèrement en déposant un poids sur la terrine et placez au frais 24 heures avant de servir en tranches.

Terrine de queue de bœuf au foie gras

J'engage tout le monde à cuisiner la queue de nos bovins favoris. Très bon marché, c'est la base idéale pour des plats d'antan mijotés avec patience et passion. Ici, on l'effeuille entre deux couches de foie gras poêlé et l'on fige cette œuvre dans le bouillon du bœuf pris en gelée. Ne vous laissez pas impressionner par la longue liste d'ingrédients. Ils sont peu coûteux et il est facile de se les procurer.

Pour 8 personnes
30 minutes de préparation
4 heures de cuisson
48 heures de repos

1 grande terrine

1 foie gras cru dénervé de 500 g
1 queue de boeuf
1 gros oignon
1 poireau
1 grosse carotte
1 branche de céleri
3 clous de girofle
1 bâton de cannelle
1 petit bouquet garni (thym, laurier)
2 cuillers à café de sel
12 grains de poivre noir
3 feuilles de gélatine

Dans un faitout, versez 2 litres 1/2 d'eau froide, salez, plongez la queue de bœuf et portez doucement à ébullition. Écumez régulièrement.

Pelez et émincez l'oignon, le poireau, la carotte et le céleri. Mettez-les dans le faitout avec les clous de girofle, la cannelle, le bouquet garni, le sel et le poivre. Laissez cuire 3 heures à feu doux, sans couvrir. Plongez la gélatine dans l'eau froide pour la ramollir.

Ôtez le couvercle et poursuivez la cuisson 1 heure. Égouttez la queue de bœuf, filtrez le bouillon. Il doit vous en rester environ 3 verres. Diluez-y les feuilles de gélatine. Détachez la viande des os et des parties gélatineuses puis effilochez-la.

Coupez le foie gras en tranches de 15 millimètres d'épaisseur. Retirez les veines et faites revenir les tranches très rapidement environ 1 minute de chaque côté, dans une poêle antiadhésive. Égouttez et réservez.

Couvrez le fond d'une terrine avec une couche de queue de bœuf effilochée, ajoutez quelques cuillerées de bouillon, une couche de foie gras, puis donnez un tour de moulin à poivre. Recommencez ainsi jusqu'à épuisement des ingrédients.

Tassez bien la terrine, couvrez de film alimentaire et placez au réfrigérateur. Laissez reposer 24 heures ou, mieux, 48 heures. Découpez la terrine en tranches fines avant de servir. Accompagnez d'une vinaigrette aux échalotes et à la moutarde en grains et de cornichons.

Conseil • **Vous pouvez intercaler quelques petites carottes pochées dans le bouillon.**

Canard en salade

Magret séché au poivre et au gingembre

Pour 6 personnes
12 heures de repos
15 jours au réfrigérateur

1 beau magret de canard
250 g de gros sel
1 cuiller à soupe de poivre mignonnette
1 cuiller à café de gingembre en poudre

Déposez le magret dans une assiette, côté peau en dessous. Couvrez le magret de gros sel et laissez reposer au frais pendant 12 heures. Lavez-le à l'eau, séchez-le et couvrez d'un mélange de gingembre et de poivre mignonnette. Appuyez un peu pour faire adhérer. Placez-le dans le bas du réfrigérateur. Laissez sécher 15 jours au minimum avant de l'utiliser.

Conseil • Si vous souhaitez obtenir un magret plus sec, laissez-le sécher encore quelques jours. Servez à l'apéritif, tranché fin ou en salade, avec des noix et des fruits secs et frais.

Salade de tous les canards

Pour 4 personnes
15 minutes de préparation
3 minutes de cuisson

1 cuisse de canard confit
150 g de gésiers confits
100 g de magret de canard fumé en lamelles
200 g de foie gras mi-cuit
50 g de raisins secs
1 salade feuille de chêne
1 cuiller à café de moutarde
3 cuillers à soupe d'huile d'arachide
1 cuiller à soupe de vinaigre de Xérès
Sel et poivre
1 bonne poignée de cacahuètes grillées
Quelques brins de ciboulette

Faites gonfler les raisins secs dans un peu d'eau chaude. Lavez et essorez la salade. Déchirez les feuilles et déposez-les dans un saladier.

Préparez la vinaigrette en fouettant la moutarde, l'huile, le vinaigre, le sel et le poivre.

Égouttez la cuisse de canard, retirez la peau et détachez la chair. Faites-la chauffer à la poêle et jetez les raisins dans la graisse de cuisson pour les faire dorer.

Assaisonnez la salade avec la vinaigrette, ajoutez les gésiers, les raisins, les lamelles de magret et le foie gras en tranches fines. Saupoudrez de cacahuètes concassées et décorez avec les brins de ciboulette.

Cesar salade aux aiguillettes croustillantes

Cette salade fait partie de ces classiques dont il n'existe pas réellement de version originale. Quelques ingrédients sont incontournables : la romaine, l'anchois et le parmesan. Des lamelles de poulet rôti et des croûtons viennent parfois l'agrémenter. J'ai substitué au poulet des aiguillettes de canard et j'ai transformé les croûtons en chapelure. Aujourd'hui, j'ai beaucoup de mal à revenir à la recette traditionnelle.

Pour 6 personnes
15 minutes de préparation
4 minutes de cuisson

500 g d'aiguillettes
2 tranches épaisses de pain de campagne rassis
30 g de beurre
1 salade romaine

Pour la sauce :
2 gousses d'ail
8 filets d'anchois à l'huile d'olive
50 g de parmesan
1 cuiller à café de worcester sauce
2 cuillers à soupe de vinaigre
7 cl d'huile d'olive
1 bonne cuiller à café de moutarde de Dijon
1 jaune d'œuf
Sel et poivre

Écrasez l'ail épluché et les anchois au-dessus du saladier de service à l'aide d'un presse-ail ou d'un mortier afin d'obtenir une purée. À défaut, écrasez les anchois avec une fourchette et l'ail avec le dos d'une petite cuiller. Ajoutez le reste des ingrédients de la sauce, salez, poivrez et mélangez.

Ôtez la croûte du pain et mixez la mie pour obtenir une chapelure grossière et moelleuse. Coupez les aiguillettes en deux. Salez-les, poivrez-les et passez-les dans la chapelure. Faites chauffer le beurre dans une poêle et faites-les dorer 2 minutes à feu vif. Réservez.

Lavez, essorez et déchirez les feuilles de salade. « Fatiguez-la » en la remuant avec la sauce. Déposez les aiguillettes de canard sur le dessus. Servez sans tarder.

Salade de foies tièdes au raisin frais

Pour 4 personnes
10 minutes de préparation
3 minutes de cuisson

400 g de foies de canard (ou de foies de volaille)
1 salade frisée
3 cuillers à soupe de vinaigre de banyuls (ou autre vinaigre doux)
1 cuiller à soupe de worcester sauce
Sel et poivre
4 cuillers à soupe d'huile de noix
25 g de beurre
200 g de raisins blancs du Chili sans pépins
3 cuillers à soupe de cognac
Quelques brins de ciboulette

Lavez et essorez la salade. Dans un saladier, fouettez le vinaigre, la worcester sauce et un peu de sel. Ajoutez l'huile en fouettant. Incorporez la salade et mélangez.

Dans une poêle, faites sauter les foies 3 minutes dans le beurre chaud. Salez, poivrez, ajoutez les grains de raisin, versez le cognac et flambez. Versez le contenu de la poêle sur la salade, parsemez grossièrement de ciboulette coupée puis servez rapidement.

Salade de poires et avocats au magret fumé

Les poires s'accommodent de tous les aliments : fromages, viandes et salades. Lorsqu'elles sont associées au canard - fumé ou séché, le rapport des saveurs s'avère exceptionnel.

Pour 6 personnes
20 minutes de préparation

250 g de magret de canard fumé (prétranché)
150 g de roquette
3 cuillers à soupe de jus de citron
1 cuiller à soupe de vinaigre balsamique
6 cuillers à soupe d'huile d'olive
1/2 cuiller à café de gingembre en poudre
2 poires beurre-hardy
2 avocats mûrs à point
Sel et poivre
Quelques brins de persil plat

Lavez et égouttez les feuilles de roquette. Déchirez-les grossièrement. Préparez la sauce en fouettant le jus de citron, le vinaigre balsamique, l'huile d'olive et le gingembre. Assaisonnez la roquette avec la moitié de cette sauce et répartissez-la dans les assiettes.

Pelez les poires et les avocats, coupez-les en quartiers puis chaque quartier en lamelles. Disposez-les sur les feuilles de roquette. Arrosez avec le reste de sauce. Salez et poivrez. Disposez les lamelles de magret sur le dessus, décorez avec le persil plat ciselé et servez sans attendre.

Conseil • Vous pouvez remplacer le persil plat par de la ciboulette, du cerfeuil ou du basilic ciselé.

Salade de poires et chèvre au magret

Pour 4 personnes
10 minutes de préparation

120 g de magret de canard séché (prétranché)
1 cuiller à soupe de vinaigre de cidre
1 cuiller à soupe de jus de citron
Sel et poivre
1 cuiller à café de graines de moutarde
(ou 1 cuiller à café de moutarde forte)
4 cuillers à soupe d'huile de noix
1 grosse poire
150 g de Puligny Saint-Pierre ou autre chèvre mi-sec
3 brins de persil plat

Préparez la vinaigrette en fouettant le vinaigre, le jus de citron, le sel, les graines de moutarde et l'huile de noix.

Retirez le gras des magrets et détaillez les tranches en allumettes. Pelez la poire, coupez-la en quartiers que vous émincerez en tranches très fines. Disposez ces dernières bien à plat dans les assiettes.

Au-dessus des assiettes, détaillez le chèvre bien froid en copeaux à l'aide d'un économe. Arrosez de vinaigrette, disposez les allumettes de magret, saupoudrez de poivre et de persil ciselé. Servez rapidement.

Conseil • Vous pouvez remplacer les graines de moutarde par 1 cuiller à café de moutarde forte et le persil par de la ciboulette.

Salade de haricots croquants au magret fumé

Pour 6 personnes
15 minutes de préparation
5 minutes de cuisson

400 g de magret de canard fumé prétranché
200 g de roquefort
750 g de haricots verts très tendres
1 douzaine de tomates cerises
2 cuillers à soupe de vinaigre de miel (ou autre vinaigre doux)
1 cuiller à soupe de miel
Sel et poivre
3 cuillers à soupe d'huile de noisette
1 cuiller à soupe d'huile de tournesol
1 bouquet de ciboulette

Placez le roquefort au congélateur pour qu'il soit plus facile à trancher. Lavez et éboutez les haricots. Faites-les cuire 5 minutes environ dans une casserole d'eau bouillante salée. Ils doivent rester croquants. Égouttez-les et passez-les sous l'eau froide.

Lavez et séchez les tomates cerises. Préparez la vinaigrette dans le saladier en fouettant le vinaigre, le miel, le sel, le poivre et les huiles. Versez sur les haricots, saupoudrez de ciboulette ciselée et mélangez.

Sur le dessus, disposez les tranches de magret, le roquefort coupé en lamelles fines et les tomates cerises coupées en deux. Servez aussitôt.

Conseil • Vous pouvez ajouter des noisettes grillées et concassées. Si vous ne le servez pas, conservez le gras des magrets au réfrigérateur et utilisez-le pour faire sauter des pommes de terre à la poêle avec quelques gousses d'ail en chemise.

Tartare de canard aux noisettes

Viande rouge, ferme et sapide, le canard se prête parfaitement à l'exercice du tartare. Il est impossible d'acheter du canard haché chez le boucher. Vous le hacherez vous-même au couteau, ce qui lui donnera une agréable « mâche », pas plus de quelques heures avant d'y incorporer les ingrédients et de déguster.

Pour 4 personnes
15 minutes de préparation

1 hachoir (facultatif)

2 magrets de canard
2 cuillers à café de câpres
60 g de noisettes
2 jaunes d'œufs
1 cuiller à soupe d'huile de noisette ou de noix
1/4 de botte de ciboulette
1 cuiller à soupe de ketchup
1 cuiller à café de moutarde
Sel et poivre

Retirez la peau des magrets. Conservez-la pour préparer des peaux de canard croustillantes. Rincez et hachez les câpres au couteau. Concassez les noisettes et faites-les dorer à feu doux dans une poêle.

Hachez la viande rapidement en évitant de la réduire en purée. Incorporez les jaunes d'œufs, l'huile, les câpres hachées grossièrement, la ciboulette ciselée, le ketchup, la moutarde et les noisettes concassées. Salez, poivrez et mélangez. Dressez dans les assiettes. Accompagnez éventuellement d'une fondue de poireaux brûlants et de toasts de pain de campagne.

Tartartine de canard au gingembre et aux groseilles

Pour 4 personnes
20 minutes de préparation

500 g d'aiguillettes de canard
4 petits pains à l'huile d'olive
ou 4 tranches taillées dans un grand pain
1 grosse cuiller à soupe de gingembre frais haché
1 citron vert
3 cuillers à soupe d'huile d'olive
Sel et poivre
60 g de groseilles
4 cuillers à soupe de ciboulette

Faites chauffer les petits pains ou les tranches 5 minutes à four chaud (210 °C, thermostat 7) ou passez-les au grille-pain.

Hachez finement les aiguillettes de canard au couteau (ou au mixeur si vous manquez d'énergie ou de temps). Ajoutez le gingembre. Pelez le zeste de citron vert, hachez-le finement puis incorporez-le à la préparation. Ajoutez 2 cuillers à soupe d'huile d'olive, du sel et du poivre. Mélangez bien. Lavez et égrappez les groseilles. Incorporez-les délicatement.

Tranchez les petits pains en deux et retirez la mie. Répartissez le tartare dans les cavités, parsemez de ciboulette, salez, poivrez à nouveau et arrosez d'un filet d'huile d'olive. Servez avec une salade verte.

Conseil • Si vous en avez le temps et le courage, n'hésitez pas à hacher la viande au couteau pour une texture plus agréable.

Chou croquant aux lardons de canard

Pour 6 personnes
10 minutes de préparation
10 minutes de cuisson

2 magrets de canard
1 petit chou vert frisé ou pommé
Sel et poivre
5 cuillers à soupe de vinaigre de Xérès
1 petit bouquet de persil plat

Retirez les feuilles extérieures du chou et coupez-le en deux. Retirez le trognon et émincez finement les feuilles. Placez-les dans un saladier. Entaillez la peau des magrets de coups de couteau sans aller jusqu'à la chair.

Dans une poêle bien chaude, faites dorer les magrets 5 minutes côté peau. Appuyez bien pour faire fondre un maximum de graisse. Retirez-les et découpez la chair et la peau en dés dans l'épaisseur.

Videz la graisse de la poêle et faites sauter les lardons 3 minutes à feu vif. Salez-les, poivrez-les et versez-les avec la graisse de cuisson sur le chou. Remuez bien. Versez le vinaigre dans la poêle, donnez un bouillon, remuez et versez sur la salade. Ajoutez le persil, remuez de nouveau, poivrez bien puis servez sans attendre.

Salade de canard haché à la Thiou

L'occasion de tirer ma toque à mademoiselle Thiou, toujours habile à imaginer des salades simples et rapides, assaisonnées sans un brin de gras. À quoi bon aller frapper à d'autres cocottes quand on sait qu'elle est la reine du canard exotique ?!

Pour 6 personnes
15 minutes de préparation
3 minutes de cuisson

2 magrets de canard
1 échalote
1/2 bouquet de menthe
2 tiges de citronnelle fraîche
2 cuillers à soupe de riz thaï
1/2 cuiller à café de piment de Chili en poudre
1/2 cuiller à café de sucre en poudre
1/2 citron vert
2 cuillers à soupe de nuoc-mam
Sel et poivre
4 feuilles de chou vert
Feuilles de chou pommé ou de laitue
30 g de cacahuètes

Épluchez et émincez finement l'échalote. Lavez, séchez et ciselez finement la menthe. Lavez et émincez finement la citronnelle. Faites griller le riz cru dans une poêle sèche jusqu'à ce qu'il soit bien doré. Concassez-le ou hachez-le grossièrement au mixeur.

Retirez la peau des magrets. Faites chauffer la peau de l'un des magrets dans la poêle pour obtenir environ 2 cuillers à soupe de graisse. Retirez-la de la poêle. Poêlez les magrets à feu vif 1 minute sur chaque face. Coupez-les en morceaux et hachez-les finement au couteau ou au hachoir. Faites rissoler ce hachis 1 minute environ à feu vif, avec 3 cuillers à soupe d'eau, en remuant avec 2 fourchettes pour détacher les chairs.

Versez le hachis dans un saladier, ajoutez le riz cru, la menthe, l'échalote, la citronnelle, le piment, le sucre, le jus de citron et le nuoc-mam. Goûtez et éventuellement rectifiez l'assaisonnement. Répartissez la salade tiède dans les feuilles de chou ou de laitue et saupoudrez de cacahuètes hachées et de feuilles de menthe.

Conseil • **Pour un plat plus économique, vous pouvez remplacer les magrets par 3 cuisses de canard.**

Carpaccio d'avocat au magret fumé

Pour 4 personnes
15 minutes de préparation

100 g de magret de canard fumé prétranché
2 avocats
4 cuillers à soupe d'huile d'olive fruitée
2 cuillers à soupe de jus de citron
1 cuiller à soupe de sauce de soja
Sel et poivre du moulin
Quelques brins de ciboulette

Ouvrez les avocats en quartiers, retirez le noyau et pelez-les à l'économe. Taillez des lamelles fines. Retirez le gras des lamelles de magret. Alternez avocat et magret sur les assiettes, arrosez de vinaigrette, poivrez et répartissez la ciboulette. Servez immédiatement.

Carpaccio de canard aux noix

Une nouvelle preuve que le canard se prête à toutes les préparations. Cru, il garde sa texture et son moelleux sans que la graisse contenue dans sa peau ne s'infiltre dans sa chair.

Pour 4 personnes
20 minutes de préparation

1 gros magret de canard de 350 g environ placé au congélateur au moins 1 heure 30 à l'avance.
2 cuillers à soupe d'huile de noix
40 g de noix
3 cuillers à soupe de persil ciselé
2 cuillers à soupe de crème liquide
1 cuiller à soupe de vinaigre de cidre
4 cuillers à café d'échalote hachée
Sel et poivre

Retirez le magret du congélateur 1 heure 1/2 avant de préparer le carpaccio.

Huilez légèrement les assiettes avec un peu d'huile de noix. Coupez le magret en lamelles ultra-fines à l'aide d'un couteau très tranchant et déposez-les sans les superposer sur les assiettes. Placez au frais.

Mixez ensemble 5 cerneaux de noix, 1 cuiller à soupe de persil, l'huile de noix, la crème et le vinaigre. Plongez une fourchette dans le bol de sauce et baladez-la au-dessus des assiettes. Ajoutez le reste de noix concassées, l'échalote et le persil. Salez, poivrez et servez immédiatement.

Note • L'huile de noix est l'une des plus équilibrées du marché, plus bénéfique encore que l'huile d'olive pour notre organisme.

Salade chinoise au canard

Une de mes recettes favorites. Même si elle exige une préparation à l'avance et un dressage minute, le mélange du canard mariné, des vermicelles croustillants et de la salade croquante mérite ces efforts. Sa vinaigrette est un classique qui pourrait bien vous faire oublier la traditionnelle émulsion huile d'olive-vinaigre-moutarde.

Pour 4 personnes
10 minutes de préparation
1 nuit de marinade
30 minutes de cuisson

1 wok

2 magrets de canard
1 litre de bouillon de canard ou de poulet (maison ou préparé avec 2 cubes)
10 cl de sauce soja
1 cuiller à soupe de gingembre frais émincé
1 gousse d'ail
1 bain d'huile de friture
100 g de vermicelles de riz (calibre moyen)
1 petite laitue iceberg
4 brins de menthe
2 oignons verts
40 g d'amandes effilées

Pour la sauce :
5 cl d'huile d'arachide
4 cuillers à soupe de vinaigre de riz
30 g de sucre en poudre
1 pointe de couteau de piment de Cayenne
1 cuiller à soupe de sauce de soja

Dans une grande poêle à fond épais, portez le bouillon à ébullition. Ajoutez les magrets de canard et couvrez jusqu'à reprise de l'ébullition. Baissez le feu et laissez mijoter 30 minutes. Retirez les magrets de canard, ôtez les peaux. (Pourquoi ne pas préparer des « peaux de canard croustillantes » ?) Découpez la chair en petits cubes.

Dans un bol, mélangez 10 centilitres de sauce soja, le gingembre et l'ail émincés. Ajoutez la viande, mélangez, couvrez et placez le tout au réfrigérateur pendant une nuit.

Le lendemain, faites chauffer l'huile de friture dans un wok. Elle doit être bien chaude mais pas fumante. Jetez-y une poignée de vermicelles et faites frire 30 à 60 secondes jusqu'à ce qu'ils soient soufflés mais sans qu'ils brunissent. Retirez-les avec une écumoire et posez-les sur du papier absorbant. Procédez de la même façon pour le reste des vermicelles. Réservez.

Découpez la salade en fines lanières et mettez-la dans un grand saladier. Lavez, séchez et ciselez la menthe. Hachez finement les oignons verts. Faites dorer les amandes effilées dans une poêle à sec, à feu vif, pendant quelques minutes.

Préparez l'assaisonnement dans un petit bol en mélangeant l'huile, le vinaigre, le sucre, 1 cuiller à soupe de sauce soja et la pointe de piment.

Sortez le canard de la marinade avec une écumoire. Posez-le dans le saladier, ajoutez les oignons verts finement hachés, les amandes effilées puis l'assaisonnement au soja. Mélangez. Saupoudrez de menthe. Disposez les vermicelles de riz soufflés tout autour puis servez.

Conseil • Vous pouvez remplacer les 2 magrets par 3 cuisses de canard.

Pannacotta au foie gras

Pour 6 personnes
10 minutes de préparation
6 heures de repos

125 g de foie gras cru dénervé
2 feuilles de gélatine
50 cl de crème fraîche épaisse
1/2 cuiller à café de sel
1/4 de cuiller à café de poivre fraîchement moulu
1 cuiller à café d'huile de noix (facultatif)
2 cuillers à soupe de vinaigre balsamique
1 cuiller à soupe d'armagnac
1 cuiller à soupe de sauce de soja

Faites fondre la gélatine dans un bol d'eau fraîche. Mixez le foie gras coupé en morceaux et la crème jusqu'à ce que la préparation soit complètement lisse.
Faites tiédir cette crème sur feu doux sans cesser de remuer. Égouttez et incorporez la gélatine sans cesser de remuer. Retirez du feu, ajoutez le sel, le poivre et l'huile de noix.
Répartissez la préparation dans 6 petits ramequins évasés, couvrez-les de film alimentaire et entreposez 6 heures au frais.

Avant de servir, faites réduire le vinaigre, l'armagnac et la sauce de soja dans une petite casserole.
Démoulez et servez avec le jus tiède.

Conseil • Pour un résultat parfait, filtrez la crème au foie gras à travers un chinois avant d'incorporer la gélatine.

Carpaccio de foie gras glacé aux truffes noires

Pour 4 à 6 personnes
3 jours à l'avance
1 nuit au réfrigérateur
48 heures au congélateur

1 mandoline ou un long couteau plat sans dents

1 foie gras cru dénervé de 500 à 600 g
10 cl de lait
12 tranches de pain de campagne ou au levain
Huile d'olive
1 truffe noire de 40 g environ
Fleur de sel
Poivre de Setchouan

Trois jours avant la dégustation, faites dégorger le foie dans un récipient d'eau où vous aurez versé un peu de lait. Placez le tout au réfrigérateur pendant 1 nuit.

Le lendemain, sortez le foie du plat, séchez-le, emballez-le dans du film alimentaire et placez-le au congélateur pendant 48 heures. C'est le temps nécessaire pour que le foie « cuise » sous l'effet du froid.

Sortez le foie du congélateur et faites-le légèrement décongeler au réfrigérateur pendant 2 heures.

Placez le foie sur une surface propre et froide puis découpez-le en fines tranches, comme un carpaccio.

Pendant ce temps, faites griller les tranches de pain. Quand elles sont encore bien chaudes, arrosez-les d'un filet d'huile d'olive, déposez quelques copeaux de foie, parsemez de lamelles de truffes, salez avec la fleur de sel, poivrez au moulin puis servez immédiatement accompagné d'une salade de mesclun.

Conseil • Cette recette peut être réalisée sans truffes.

Mille-feuilles de patates douces au foie gras

Pour 4 personnes
15 minutes de préparation
Quelques minutes de cuisson

1 mandoline ou 1 râpe

250 g de foie gras mi-cuit
1 grosse patate douce
1 bain d'huile de pépins de raisin
Sel et poivre
1 cuiller à soupe de miel liquide
1 cuiller à soupe de vinaigre de cidre

Pelez la patate et émincez-la en chips de 1 millimètre d'épaisseur environ.

Chauffez l'huile jusqu'à ce qu'elle soit chaude mais pas fumante. Plongez-y les chips et laissez-les blondir 1 à 2 minutes. Elles ne doivent surtout pas brunir. Retirez-les à l'aide d'une écumoire et déposez-les sur du papier absorbant. Salez-les légèrement et laissez tiédir.

Émincez le foie bien froid en tranches fines.

Sur les assiettes, disposez une rondelle de patate, 1 tranche de foie gras, salez, poivrez, puis recommencez.

Fouettez ensemble le miel et le vinaigre puis striez les mille-feuilles avec cette sauce en y plongeant les dents d'une fourchette.
Servez immédiatement.

Crèmes brûlées au foie gras et au pain d'épice

Pour 6 personnes
10 minutes de préparation
1 heure de cuisson
1 heure de repos

130 g de foie gras cru
50 cl de crème fraîche épaisse
1/2 cuiller à café de sel
1/4 de cuiller à café de poivre fraîchement moulu
5 jaunes d'œufs
60 g de pain d'épice sans la croûte
1 cuiller à café de sucre glace

Préchauffez le four à 160 °C. Mixez le foie gras coupé en morceaux et la crème jusqu'à ce que la préparation soit complètement lisse. Ajoutez les jaunes d'œufs, le sel, le poivre et mélangez délicatement. Beurrez 6 petits ramequins à crème brûlée de 20 centilitres environ et répartissez la préparation. Posez les moules dans un grand plat à gratin, versez de l'eau tiède dans le fond du plat jusqu'aux trois quarts des moules et enfournez ce bain-marie. Laissez cuire 1 heure.

Retirez ensuite du four et laissez tiédir. Placez au frais 1 heure au moins. Chauffez le gril du four. Mixez le pain d'épice pour obtenir une chapelure grossière, ajoutez le sucre puis mélangez. Saupoudrez sur le dessus des crèmes cuites. Passez 30 secondes sous le gril en surveillant pour éviter que le pain d'épice ne brûle. Servez, accompagné d'une salade à l'huile de noix ou de truffes.

Conseils • Si vous cuisez cette préparation dans des ramequins à bords hauts, vous obtiendrez de délicieux soufflés. Dans ce cas, prolongez la cuisson de 10 minutes. • Ajoutez 1 cuiller à café d'huile aromatisée à la truffe blanche.

Pattes de canard

(le canard avec les doigts)

Tartines de pain aux noix, aux figues et magret

Pour 6 personnes
5 minutes de préparation
25 minutes de cuisson

120 g de magret de canard séché coupé en tranches fines
6 échalotes
Sel et poivre du moulin
10 cl de vin blanc sec
1 cuiller à soupe de vinaigre de Xérès
6 figues assez mûres
6 tranches fines de pain aux noix
Cerfeuil

Pelez et émincez les échalotes. Détachez la graisse des lamelles de magret.

Faites fondre la graisse dans une petite casserole jusqu'à ce que vous obteniez 1 bonne cuiller à soupe de gras. Retirez les lamelles restantes. Ajoutez les échalotes, salez et laissez cuire 5 minutes. Ajoutez le vin blanc et le vinaigre puis laissez cuire 20 minutes à couvert en remuant de temps en temps. Poivrez légèrement en fin de cuisson.

Lavez et séchez les figues. Coupez-les en 5 ou 6 lamelles. Faites griller légèrement les tranches de pain. Couvrez-les avec la compote d'échalotes. Disposez les lamelles de magret et de figues en les intercalant. Salez, poivrez et décorez de quelques brins de cerfeuil légèrement assaisonnés.

Conseil • Vous pouvez passer ces tartines 10 secondes sous le gril pour en caraméliser légèrement la surface. Ne saupoudrez de cerfeuil qu'au dernier moment.

Sablés au foie gras et aux pistaches

Pour 1 douzaine de sablés
5 minutes de préparation
2 heures de refroidissement
15 à 20 minutes de cuisson

250 g de foie gras cuit ou mi-cuit
125 g de farine
1 poignée de pistaches décortiquées
1/2 cuiller à café de sucre
1 bonne pincée de cannelle
1 cuiller à café de vinaigre balsamique
2 jaunes d'œufs
Sel et poivre

Mixez ensemble le foie gras en morceaux, le sucre, la cannelle et le vinaigre balsamique jusqu'à obtention d'une pâte onctueuse. Salez et poivrez. Ajoutez la farine, les jaunes d'œufs et les pistaches puis mélangez de nouveau. Réservez au frais pendant au moins 2 heures.

Préchauffez le four à 160 °C (thermostat 5). Sortez la pâte du réfrigérateur et façonnez des petits sablés ronds de 1 centimètre d'épaisseur entre vos mains. Déposez-les sur une feuille de papier sulfurisé beurrée et enfournez. Laissez cuire 15 à 20 minutes selon la taille. Retirez encore chaud et laissez refroidir sur une plaque. Vous pouvez conserver ces sablés 4 à 5 jours dans une boîte hermétique.

Variante • Pour alléger ces sablés, remplacez la moitié de la farine par de la Maïzena.

Pain d'épice surprise au foie gras

Pour 6 personnes
15 minutes de préparation
1 heure de repos
5 heures de refroidissement

400 g de foie gras en bloc
40 g de raisins de Corinthe
10 cl de vin blanc moelleux
400 g de pain d'épice (tranches de 1 cm d'épaisseur environ)
40 g de cerneaux de noix

Placez les raisins de Corinthe dans un bol, couvrez de vin et ajoutez 3 cuillers à soupe d'eau tiède. Laissez gonfler 1 heure. Égouttez les raisins en conservant le vin.

Écrasez le foie gras puis incorporez les raisins égouttés et les noix concassées.

Trempez les tranches de pain d'épice dans le vin et tapissez le fond de la terrine. Tartinez-les avec le foie écrasé et couvrez avec une autre couche de pain d'épice. Continuez jusqu'à épuisement des ingrédients. Tassez légèrement le tout et placez au réfrigérateur pendant au moins 5 heures. Servez frais, coupé en tranches fines.

Tartes fines pommes et foie gras

La tarte fine fait désormais partie des classiques de la restauration. Elle est ici réinterprétée en version sucrée-salée. Une entrée cuisson minute qui peut s'improviser au dernier moment si vous avez fait le plein de feuilletage et de foie gras surgelé.

Pour 4 personnes
20 minutes de préparation
20 minutes de cuisson

4 escalopes de foie gras cru
1 rouleau de pâte feuilletée prête à dérouler
1 grosse pomme golden
Sel et poivre
1/2 citron
1/2 cuiller à café de cannelle
1 pincée de noix de muscade
Quelques gouttes de vinaigre doux (banyuls, cidre, miel)

Préchauffez le four à 210 °C (thermostat 7). Étalez la pâte et découpez 4 disques égaux en suivant les contours de petites assiettes ou de grands bols. Posez-les sur une feuille de papier sulfurisé et entreposez au frais.

Lavez la pomme et coupez-la en quartiers. Découpez chaque quartier en lamelles très fines et superposez-les sur la pâte en corolle. Salez, poivrez, arrosez de quelques gouttes de jus de citron et saupoudrez de cannelle.

Enfournez sur la plaque et laissez cuire 15 à 20 minutes. La pâte doit être bien dorée et croustillante. Retirez du four.

Saupoudrez les escalopes de foie gras de sel et de noix de muscade. Dans une poêle bien chaude, poêlez les escalopes 1 minute de chaque côté. Déglacez avec 1 cuiller à soupe de vinaigre. Placez les escalopes sur les tartes et versez le jus dessus. Poivrez avant de servir.

Conseil • Vous pouvez remplacer le foie poêlé par des lamelles très fines de restes de foie mi-cuit tranchés à la mandoline. Déposez quelques gouttes de vinaigre sur le dessus. Ne poivrez pas avant cuisson car le poivre cuit à haute température devient âcre.

Petits gâteaux de poireaux au foie gras

Pour 6 personnes • 10 minutes de préparation
1 heure 10 de cuisson

1 chinois (passoire fine)

150 g de foie gras cru dénervé
1 kg de poireaux, soit 6 poireaux fins
30 g de beurre
1 cuiller à café de grains de cumin
Sel et poivre
2 cuillers à soupe d'huile d'olive
2 cuillers à soupe de lait entier
2 cuillers à soupe de porto (ou vin blanc moelleux)
Fleur de sel
Persil haché
2 gros œufs
50 g de parmesan râpé

Retirez les feuilles extérieures des poireaux, lavez-les et émincez-les en rondelles fines. Préchauffez le four à 150 °C (thermostat 5). Faites chauffer le beurre et l'huile dans une sauteuse et faites-y fondre les poireaux avec le cumin 30 minutes à couvert et à feu doux. Mixez le tout, ajoutez les œufs et le parmesan, salez, poivrez. Versez dans 6 ramequins huilés et faites cuire 40 minutes au bain-marie.

Portez à ébullition le lait, le porto et ajoutez 1/2 cuiller à café de fleur de sel. Incorporez le foie coupé en dés. Baissez le feu au minimum et laissez cuire 3 minutes. Retirez du feu, mixez la sauce et filtrez-la à travers une passoire fine, poivrez. Démoulez, servez tiède entouré de sauce au foie gras et parsemez de persil.

Huîtres croquantes au foie tiède

Pour 4 personnes • 20 minutes de préparation
5 minutes de cuisson

8 escalopes de foie gras cru dénervé
16 huîtres creuses n° 1
2 œufs
200 g de semoule fine
1 cuiller à soupe d'huile de maïs ou de tournesol
Fleur de sel et poivre du moulin
1 cuiller à soupe de farine
10 cl de vin blanc fruité (quincy ou mâcon)

Ouvrez les huîtres et détachez-les délicatement. Égouttez-les et déposez-les sur du papier absorbant. Séchez-les à fond.

Dans un bol, cassez les œufs et battez-les en omelette. Dans un autre bol, versez la semoule. Dans une grande poêle, faites chauffer 1 cuiller à soupe d'huile. Salez, poivrez et farinez légèrement chaque escalope. Poêlez 1 minute sur chaque face à feu vif. Réservez-les au chaud dans du papier d'aluminium. Retirez l'excès de gras. Gardez environ 2 cuillers à soupe de graisse dans la poêle.

Plongez les huîtres dans l'œuf battu, égouttez-les et passez-les dans la semoule pour qu'elles soient bien couvertes. Faites-les dorer de tous côtés dans la matière grasse bien chaude pendant 2 minutes environ. Déposez-les sur du papier absorbant.

Découpez chaque escalope en deux, disposez-les à plat dans les assiettes. Posez une huître sur chaque tranche, salez et poivrez. Versez le vin dans la poêle, faites réduire à feu vif, versez la sauce en cordon autour des huîtres et servez bien chaud.

Variante • Pour remplacer le foie chaud, vous pouvez couper le lobe cru encore très froid en très fines lamelles, façon carpaccio, et les poser sur les huîtres.

Bonbons de foie gras acidulés

Pour 6 personnes • 15 minutes de préparation
5 minutes de cuisson

300 g de foie gras mi-cuit
6 feuilles de brick
50 cl d'huile d'arachide
1 bouquet de ciboulette
Sel et poivre du moulin

Pour la sauce :
3 cuillers à soupe de jus de citron vert
3 cuillers à soupe de sauce de soja
3 cuillers à soupe de fino ou de sherry
1 cuiller à soupe de sucre brun

Coupez le foie gras en 12 dés de 25 grammes environ chacun. Coupez les feuilles de brick en deux. Déposez les dés au centre de chaque demi-feuille, salez, poivrez puis pliez la feuille en long de façon à obtenir un long cigare. Fermez les extrémités comme un bonbon à l'aide de 2 brins de ciboulette. Fouettez tous les ingrédients de la sauce et ajoutez le reste de ciboulette ciselée. Faites chauffer l'huile dans une poêle. Déposez les « bonbons » dans l'huile bien chaude, retournez-les et retirez-les dès qu'ils sont dorés. Ne les laissez pas cuire plus d'1 minute. Égouttez sur du papier absorbant. Servez immédiatement, accompagné de sauce.

Conseil • Ajoutez la graisse du foie gras dans le bain de friture pour rehausser le goût.

Samossas de canard aux herbes

Pour 6 personnes • 30 minutes de préparation
30 minutes de repos
Plusieurs fournées de 4 minutes

250 g d'aiguillettes de canard
2 cuillers à café de sel
1 cuiller à soupe de gingembre frais
2 brins de menthe hachée
2 brins de coriandre
1/2 bouquet de ciboulette
70 g de cacahuètes
6 feuilles de brick
20 cl d'huile d'arachide
Piment en poudre

Dans une casserole, versez 1 cuiller à café de sel et 1 litre d'eau. Portez à ébullition, plongez les aiguillettes, attendez que l'ébullition reprenne, coupez le feu et couvrez. Laissez reposer 30 minutes. Pendant ce temps, pelez le gingembre et râpez l'équivalent d'une cuiller à soupe. Lavez, séchez et ciselez les herbes. Mélangez le gingembre, les herbes, les cacahuètes finement concassées, 1 cuiller à café de sel et un peu de piment.

Égouttez la viande, hachez-la et incorporez-la au mélange. Coupez les feuilles de brick en deux puis coupez 3 centimètres du bord arrondi pour obtenir 2 bandes presque rectangulaires. Déposez un peu de farce au bout de chaque rectangle et pliez plusieurs fois pour obtenir un triangle. Fermez bien. Couvrez les samossas avec un torchon au fur et à mesure de leur préparation.

Faites chauffer l'huile dans une grande poêle à feu assez vif. Frire les samossas 2 minutes de chaque côté et égouttez sur du papier absorbant. Servez avec une salade verte aux herbes et au citron.

Conseil • Pour réduire les matières grasses, badigeonnez légèrement les samossas d'huile et faites-les cuire 15 minutes au four à 200 °C.

Club sandwich au magret fumé

Pour 4 personnes
15 minutes de préparation
10 minutes de cuisson

1 magret fumé entier
1 grosse poignée de pousses d'épinards
1/2 bouquet de cerfeuil
Sel et poivre
2 gros œufs
12 tranches de pain de mie épais sans la croûte
2 tomates
4 cuillers à soupe de mayonnaise
1 filet de vinaigrette à l'huile d'olive

Détachez le gras du magret. Lavez et égouttez les pousses d'épinards et le cerfeuil. Ciselez grossièrement le cerfeuil. Assaisonnez légèrement les épinards et le cerfeuil, salez, poivrez et mélangez.
Faites cuire les œufs durs 10 minutes dans l'eau bouillante. Lavez et coupez les tomates en rondelles. Écalez les œufs et coupez-les en rondelles. Coupez le magret en allumettes épaisses. Toastez 8 tranches de pain d'un seul côté. Tartinez le côté non toasté des 4 autres tranches de pain avec un peu de mayonnaise, étalez les allumettes de magret et couvrez avec les rondelles d'œufs. Déposez quelques pousses d'épinards, quelques rondelles de tomates, salez, poivrez et couvrez avec une tranche de pain. Tartinez avec un peu de mayonnaise puis recommencez l'opération. Terminez par une tranche de pain, côté mayonnaise vers le bas, et pressez légèrement. Servez immédiatement.

Allumettes croustillantes au foie gras et au sésame

Tout le monde craque pour ces allumettes. Avant d'enfourner, vous pouvez même saupoudrer le foie gras de parmesan râpé pour en accentuer la saveur piquante.

Pour 4 personnes
5 minutes de préparation
10 à 15 minutes de cuisson

100 g de foie gras cru dénervé
1 cuiller à soupe de grains de sésame
1/2 cuiller à café de grains de cumin
1/2 cuiller à café de grains de coriandre
1 rouleau de pâte feuilletée
Sel et poivre

Préchauffez le four à 210 °C (thermostat 7). Faites dorer les grains de sésame et les épices dans une poêle sèche puis réservez. Concassez le tout grossièrement avec un mortier. Malaxez le foie avec les grains concassés, salez, poivrez et étalez cette préparation sur la pâte feuilletée. Découpez-la en lanières et enroulez-les sur elles-mêmes en forme de torsade. Déposez chaque torsade obtenue sur du papier d'aluminium. Faites cuire 10 à 15 minutes puis laissez reposer sur une grille. Dégustez à l'apéritif.

Pruneaux au foie gras

Pour 4 à 6 personnes
10 minutes de préparation
3 heures de marinade

Des cure-dents

150 g de foie gras mi-cuit
20 tranches de magret fumé émincé finement
1 vingtaine de pruneaux moyens dénoyautés
25 cl de vin blanc doux

Couvrez les pruneaux de vin et laissez-les gonfler 3 heures. Coupez le foie gras en petits dés, salez et poivrez. Farcissez les pruneaux de foie gras, entourez-les de tranches de magret et enfilez-les sur des cure-dents en bois. Passez-les 1 minute sous le gril ou à la poêle, à feu vif, puis servez à l'apéro.

Peaux de canard croustillantes

Un péché qui permet de réutiliser la peau des cuisses et des magrets. Plus classe que les chips.

Pour 6 personnes
5 minutes de préparation
10 minutes de cuisson

Les peaux de 2 magrets de canard ou de 2 cuisses
Poivre du moulin

Découpez les peaux en lamelles de 1 centimètre de large. Déposez-les dans une poêle à bords hauts ou dans une sauteuse et faites chauffer à feu moyen pendant 10 minutes environ en les retournant souvent. Elles doivent dorer et perdre doucement leur graisse. Égouttez-les et déposez-les sur du papier absorbant. Poivrez généreusement et servez sans attendre à l'apéritif.

Boulettes de canard aux pruneaux

Pour 4 personnes
15 minutes de préparation
30 minutes de repos
5 minutes de cuisson

250 g d'aiguillettes ou de steaks de canard sans la peau
1 petit oignon
3 cuillers à soupe de persil plat ciselé
2 cuillers à soupe bombées de chapelure (mie de pain rassis)
Le zeste d'1/2 citron vert haché
1 œuf
1/2 cuiller à café de sel
1 pointe de couteau de piment de Cayenne
2 cuillers à soupe d'amandes hachées grossièrement
100 g de pruneaux dénoyautés
3 cuillers à soupe d'huile de tournesol

Hachez finement la chair de canard. Pelez et râpez l'oignon. Lavez et séchez le persil puis ciselez-le finement. Mélangez le tout. Ajoutez 2 cuillers à soupe de chapelure, le zeste de citron vert, l'œuf, le sel et le piment. Mélangez bien puis laissez reposer 30 minutes au réfrigérateur.

Pendant ce temps, faites dorer les amandes à la poêle. Coupez les pruneaux en tout petits morceaux. Mélangez le hachis de pruneaux avec les amandes.

Dans vos mains légèrement mouillées, façonnez des petites boulettes avec le hachis de viande. Creusez-les au centre avec le doigt et farcissez-les avec un peu de préparation aux pruneaux. Refermez bien les boulettes et réservez-les sur une assiette plate. Faites chauffer l'huile dans une grande poêle. Faites cuire les boulettes 5 minutes environ, selon leur taille, à feu assez vif. Égouttez sur du papier absorbant et servez bien chaud accompagné d'une salade.

Foie gras
+

Pain perdu au foie gras

Pour 6 personnes
5 minutes de préparation
5 minutes de cuisson

6 escalopes de foie gras cru de 70 g
2 œufs
10 cl de lait entier
10 cl de porto
Sel et poivre
6 tranches fines de pain de campagne
20 g de beurre
2 cuillers à soupe de farine

Battez les œufs avec le lait et le porto dans une assiette creuse. Salez et poivrez. Trempez les tranches de pain de campagne dans ce mélange et faites-les dorer à la poêle dans le beurre, 1 à 2 minutes sur chaque face.

Salez, poivrez et farinez légèrement les escalopes de foie gras. Saisissez-les à feu vif, 1 minute de chaque côté, et déposez-les sur les tranches de pain.

Conseil • **Dégustez avec du porto tawny ou un blanc moelleux.**

Foie gras croustillant au sarrasin

Pour 4 personnes
10 minutes de préparation
12 minutes de cuisson

400 g de foie gras cru dénervé
ou 4 belles escalopes de foie gras de 100 g chacune
Farine
1 œuf
100 g de grains de sarrasin grillés et concassés
Sel et poivre
40 g de figues sèches
2 pommes royal gala
1/2 jus de citron
30 g de beurre
40 g de noix
2 cuillers à soupe de vin doux (type banyuls)

Tranchez des escalopes dans le foie gras. Versez un peu de farine dans une assiette creuse, 1 œuf battu dans une autre et le sarrasin dans une troisième. Salez et poivrez cette dernière.

Coupez les figues en morceaux, pelez les pommes, coupez-les en quartiers et citronnez-les.

Faites fondre le beurre dans une poêle, faites-y dorer les pommes 5 minutes à feu moyen. Retournez-les, ajoutez les noix et les figues puis laissez cuire 5 minutes de plus.

Chauffez une poêle à feu vif. Passez les escalopes successivement dans la farine, dans l'œuf puis dans le sarrasin. Poêlez-les 30 secondes de chaque côté et disposez-les dans les assiettes. Déglacez la poêle avec le banyuls, arrosez les escalopes de ce jus et servez avec les fruits dorés au beurre.

Conseil • **Vous pouvez trouver des grains de sarrasin dans les magasins de produits diététiques ou dans les épiceries orientales.**

Kibbé de magret

Pour 6 personnes
20 minutes de préparation
1 heure de cuisson

Pour la pâte :
1 kg de magret avec la peau
1 verre de boulgour fin
2 oignons
1 cuiller à café de poivre
1 cuiller à café de quatre-épices
1/4 de cuiller à café de cannelle en poudre
1 pointe de couteau de piment de Cayenne
1 cuiller à café d'origan

Pour la farce :
50 g de beurre
50 g de noix
1 oignon
1 cuiller à café de noix de muscade râpée
Sel et poivre

Préchauffez le four à 210 °C (thermostat 7).

Pelez l'oignon. Ôtez la moitié de la graisse des magrets et coupez-les en morceaux. Hachez-les au mixeur avec l'oignon.

Couvrez d'eau le boulgour et rincez-le à travers un torchon. Recommencez l'opération, laissez-le gonfler 10 minutes et essorez bien en vidant l'eau à travers un torchon.

Mélangez intimement tous les ingrédients de la pâte et séparez en 2 boules égales.

Pour préparer la farce, pelez et hachez finement l'oignon. Concassez finement les noix. Faites revenir l'oignon dans le beurre chaud, ajoutez les noix, la muscade, le sel, le poivre et laissez fondre encore 5 minutes.

Étalez une couche de pâte au fond d'un plat allant au four, en verre ou en terre. Couvrez de farce et tapissez avec le reste de pâte. Enfournez et laissez cuire 50 minutes.

Conseil • **Le boulgour est un blé concassé pré-cuit, vous le trouverez dans les épiceries orientales. Les grandes surfaces vendent rarement le boulgour "fin".**

Cake au magret fumé, pruneaux et roquette

Pour 4 personnes
15 minutes de préparation
50 minutes de cuisson

1 terrine de 25 cm de long environ

150 g de magret de canard fumé entier sans la peau
100 g de roquette
2 cuillers à soupe de pignons
1 sachet de levure chimique
100 g de farine blanche
70 g de farine complète
3 œufs
10 cl d'huile d'olive
10 cl de lait
100 g de pruneaux dénoyautés
Sel et poivre

Préchauffez le four à 170 °C (thermostat 5-6). Coupez le magret en dés comme des lardons. Lavez et essorez la roquette. Coupez les feuilles grossièrement aux ciseaux.
Faites dorer les pignons dans une poêle chaude, à sec.
Dans un saladier, mélangez la levure et les farines, incorporez les œufs battus, l'huile d'olive et le lait puis ajoutez les pruneaux entiers, la roquette et les dés de magret. Poivrez et salez légèrement.
Versez la préparation dans un moule à cake huilé et enfournez.
Faites cuire 50 minutes. Vérifiez la cuisson en plantant un couteau dans le cake. La lame doit ressortir sèche.
Laissez refroidir et servez avec une salade de roquette.

Conseil • Vous pouvez ajouter 100 grammes de noisettes grillées, 50 grammes de parmesan râpé, remplacer la roquette par une botte de persil plat ou de basilic. On trouve désormais des lardons de magret fumé prédécoupé au rayon frais des grandes surfaces.

Cake aux figues, noisettes et gésiers

Pour 8 personnes
20 minutes de préparation
50 minutes de cuisson

200 g de gésiers de canard confits égouttés
150 g d'abricots secs
50 g de noisettes
150 g de farine
1/2 sachet de levure chimique
50 g de parmesan râpé
1 cuiller à café de sel fin
4 œufs
10 cl de lait
Poivre blanc

Préchauffez le four à 210 °C (thermostat 7).

Faites tiédir les gésiers et égouttez-les. Coupez-les en deux. Versez un bol d'eau chaude sur les abricots s'ils sont très secs et laissez gonfler.

Quand le four est chaud, faites-y chauffer les noisettes pendant 10 minutes.

Dans un saladier, mélangez la farine tamisée, la levure, le parmesan et le sel. Ajoutez les œufs un par un, versez le lait puis incorporez 5 cuillers à soupe de la graisse des gésiers confits. Mélangez bien. Ajoutez les gésiers, les abricots coupés en deux et les noisettes torréfiées. Poivrez bien et mélangez soigneusement. Versez dans un moule huilé à la graisse de canard et enfournez.

Laissez cuire 20 minutes, baissez le four à 180 °C (thermostat 6) et laissez cuire encore 30 minutes. Laissez refroidir avant de servir en tranches. Ce cake peut se servir chaud, accompagné d'une sauce tomate un peu sucrée ou d'un chutney de melon.

Pain de canard aux légumes

Pour 10 personnes
20 minutes de préparation
40 minutes de cuisson

2 magrets de canard
100 g de lard fumé
2 carottes
2 échalotes
1 branche de céleri
1 petite botte de ciboulette
1 cuiller à café de curry
1 cuiller à café de grains de cumin
200 g de chapelure maison
2 œufs entiers + 2 jaunes
Sel et poivre

Préchauffez le four à 200 °C (thermostat 6-7). Retirez le gras des magrets. Hachez la chair des magrets et un quart de leur gras. Hachez le lard fumé. Pelez les carottes et les échalotes. Lavez le céleri et coupez les extrémités. Hachez tous les légumes en tout petits dés. Lavez et ciselez la ciboulette.
Faites fondre un peu de la graisse des magrets pour huiler une poêle. Ajoutez les légumes, les épices et le lard haché. Salez, poivrez et faites cuire 10 minutes à feu moyen.
Dans un saladier, mélangez le canard, la préparation aux légumes, la ciboulette, la chapelure et les œufs. Rectifiez l'assaisonnement. Versez dans une terrine beurrée et enfournez. Laissez cuire 30 minutes. Servez tiède ou froid avec des tomates fraîches concassées aux herbes et à l'huile d'olive.

Bouchées de melon et magret séché

Un apéro aussi facile à préparer qu'à picorer. Les feuilles de menthe copinent à merveille avec le melon, mais vous pouvez les remplacer par du basilic ou de l'estragon.

Pour 4 personnes
20 minutes de préparation

1 cuiller à parisienne (à billes)
Des pics apéritif ou des cure-dents

200 g de magret de canard séché au poivre prétranché
1 melon
Poivre noir du moulin
3 cuillers à soupe d'huile d'olive
Le jus d'un demi-citron vert
1 bouquet de menthe

Ouvrez le melon, retirez les graines et détachez la chair en billes à l'aide d'une cuiller à parisienne. Placez ces billes dans un saladier, poivrez et arrosez d'huile d'olive et du jus de citron. Mélangez bien.

Retirez le gras des lamelles de magret. Lavez et séchez les feuilles de menthe. Sur chaque cure-dents, piquez une lamelle de magret, une petite feuille de menthe puis une bille de melon. Disposez-les sur des assiettes plates et servez sans attendre à l'apéritif.

Champignons farcis aux foies de canard

Pour 4 personnes
15 minutes de préparation
20 minutes de cuisson

250 g de foies de canard (ou de foies de volaille)
8 têtes de gros champignons de Paris
1 échalote
2 jaunes d'œufs
1 œuf entier
2 cuillers à soupe de porto
20 cl de crème liquide
1 cuiller à café de fleur de thym
Fleur de sel
Poivre du moulin
2 cuillers à soupe d'huile d'olive
15 cl de vin blanc

Préchauffez le four à 180 °C (thermostat 6). Lavez rapidement les champignons et séchez-les. Détachez les pieds, coupez le bout terreux, et hachez-les. Pelez et hachez l'échalote.

Mixez ensemble les foies entiers, les jaunes d'œufs et l'œuf entier, l'échalote, le porto, 10 centilitres de crème, le thym, 1/2 cuiller à café de fleur de sel et une bonne pincée de poivre. Mixez très finement.

Dans un plat à gratin, placez les têtes de champignons côté bombé vers le bas et remplissez-les de préparation. Mélangez 10 centilitres d'eau et 1 cuiller à soupe d'huile d'olive puis versez dans le plat. Enfournez et laissez cuire 20 minutes.

Pendant ce temps, faites revenir le hachis de pied avec le reste d'huile d'olive. Ajoutez le vin blanc et laissez réduire. Incorporez le reste de crème, salez et poivrez.

Servez les champignons bien chauds, entourés d'un cordon de sauce.

Variante • Vous pouvez remplacer le poivre de la farce des champignons par du poivre vert. Si vous êtes pressé, préparez ces champignons sans la sauce.

Rouleaux croustillants de canard à la mangue

Acidulée et exotique, la mangue se marie à merveille avec le canard et se glisse aisément dans les nems. Il ne reste plus qu'à savoir rouler.

Pour 4 personnes
15 minutes de préparation
25 minutes de cuisson

250 g d'aiguillettes de canard
2 cuillers à soupe de sauce de soja
1 cuiller à café de gingembre râpé
8 feuilles de pâte de riz pour nems
1 poignée de pousses de soja
1/2 bouquet de coriandre fraîche
1 petite mangue pas trop mûre ou 3 lamelles de mangue surgelée
4 cuillers à soupe d'huile de tournesol
Le jus d'1/2 citron vert
1 cuiller à soupe de graines de sésame grillées

Préchauffez le four à 180 °C (thermostat 6).

Mélangez la sauce de soja et le gingembre râpé. Placez les aiguillettes dans un plat allant au four, arrosez avec la sauce, couvrez de papier d'aluminium et enfournez. Laissez cuire 15 minutes environ.
Passez les feuilles de riz sous l'eau et laissez-les reposer 5 minutes, le temps qu'elles ramollissent. Lavez, séchez et hachez les feuilles de coriandre.
Pelez la mangue et détachez la chair autour du noyau. Coupez-la en tranches fines.

Égouttez les aiguillettes et réservez la marinade.

Découpez les aiguillettes en fines lamelles, comme les mangues.
Sur chaque feuille, déposez un peu de canard et un peu de mangue. Ajoutez quelques pousses de soja et parsemez de coriandre.
Serrez bien les rouleaux et rabattez les extrémités en dessous.
Préparez le reste des rouleaux.
Dans une grande poêle, versez l'huile de tournesol. Faites cuire les rouleaux 10 minutes à feu moyen en les tournant de tous côtés.
Pour réaliser la sauce, filtrez la marinade, ajoutez le jus d'1/2 citron vert et les graines de sésame. Servez chaud, accompagné de feuilles de laitue bien croquantes.

Canard minute

+ reste de canard

Œufs brouillés aux gésiers et queues d'oignons croustillantes

Je m'insurge contre le mépris avec lequel sont traitées les queues vertes des oignons nouveaux. Elles constituent pourtant un condiment bon marché et très facile à utiliser. À mi-chemin entre le poireau et la ciboulette, ces tiges peuvent agrémenter une salade, une soupe, ou se laisser rissoler à feu doux jusqu'à devenir aussi croustillantes que des chips. Dorénavant, vous ne regarderez plus vos bottes du même œil.

Pour 4 personnes
10 minutes de préparation
15 minutes de cuisson

250 g de gésiers de canard confits
50 g de beurre
4 oignons frais
12 œufs
Sel et poivre du moulin

Faites fondre le beurre dans une poêle. Lavez et pelez les oignons. Fendez-les en deux puis en fins bâtonnets sur toute leur longueur, y compris les bulbes blancs. Déposez ces lanières dans le beurre et faites cuire 10 minutes à feu moyen. Le beurre ne doit surtout pas brûler. Remuez fréquemment.

Pendant ce temps, battez les œufs en omelette, pas trop vivement. Salez, poivrez et émincez les gésiers en grosses lamelles.

Égouttez les queues d'oignons et réservez. Ajoutez le beurre de cuisson aux œufs. Faites cuire les œufs au bain-marie, sans cesser de remuer. Incorporez les gésiers à la fin de la cuisson et décorez avec les queues croustillantes. Servez bien chaud.

Œufs cocotte au foie gras

Pour 4 personnes
5 minutes de préparation
15 minutes de cuisson

100 g de foie gras mi-cuit
4 brioches individuelles
4 gros œufs
Sel et poivre
2 brins d'estragon
4 cuillers à soupe de crème liquide à 15 % de matière grasse
4 bonnes cuillers à café de beurre

Préchauffez le four à 180 °C (thermostat 6). Décalotez les brioches et creusez-les pour pouvoir y casser les œufs. Déposez le foie gras en petites tranches dans les brioches. Cassez l'œuf dessus, salez, poivrez, saupoudrez d'estragon ciselé et couvrez de crème.

Déposez la brioche à l'œuf et son chapeau sur une feuille de papier sulfurisé. Enfournez dans le bas du four et laissez cuire 15 minutes. Coupez le chapeau en lanières et servez-les en guise de mouillettes.

Conseil • **À servir avec un cahors par exemple.**

Œufs au plat croustillants au magret

Pour 4 personnes
5 minutes de préparation
3 minutes de cuisson

4 petits plats à œufs

1 magret de canard fumé prétranché
4 œufs
50 cl d'huile de friture (for frying)
20 g de beurre
50 g de farine
50 g de chapelure (breadcrumbs)
Sel et poivre blanc du moulin

Préchauffez le four à 240 °C (thermostat 8). Cassez les œufs et séparez délicatement les blancs des jaunes, en veillant à ne pas les percer. Versez l'huile dans une petite poêle et faites chauffer à feu assez vif. Elle ne doit pas fumer.

Beurrez 4 plats à œufs. Disposez les lamelles de magret dans le fond. Versez les blancs sur les lamelles et faites cuire au four 2 minutes. Farinez légèrement les jaunes d'œufs puis passez-les dans la chapelure. Faites-les frire très rapidement, 20 secondes à peine, puis égouttez sur du papier absorbant.

Retirez les plats du four, posez les jaunes sur le dessus, poivrez légèrement et saupoudrez de fleur de sel.

Conseil • **Pour éviter de les percer, réservez les jaunes dans leur coquille, posées dans la boîte à œufs.**

Œufs brouillés au confit

Tout comme les pâtes, les salades ou les pizzas, les œufs brouillés s'accommodent de tout. L'essentiel est de surveiller leur cuisson pour qu'ils ne fassent pas masse. Si le mal est fait, ajoutez un œuf cru hors du feu et fouettez vigoureusement. Succès garanti.

Pour 4 personnes
10 minutes de préparation
8 minutes de cuisson

2 cuisses de canard confites ou 4 manchons
1 tomate
1 petit brin de romarin
10 gros œufs
Sel et poivre
1 cuiller à soupe de lait entier

Égouttez le confit de canard, retirez la peau et détachez les chairs. Coupez la tomate en quatre, épépinez-la et concassez-la en petits dés. Lavez, séchez et hachez le romarin.

Faites chauffer la chair de canard effilochée dans une poêle jusqu'à ce qu'elle croustille légèrement.

Cassez les œufs dans un saladier, poivrez, ajoutez le lait, le romarin puis fouettez légèrement pour mélanger le tout.

Versez la préparation dans une casserole antiadhésive et portez à feu doux. Laissez prendre légèrement sans cesser de fouetter, ajoutez les tomates et continuez de fouetter jusqu'à la consistance désirée. Retirez du feu, ajoutez le confit et servez immédiatement dans des assiettes creuses préchauffées.

Tagliatelles à la bolognaise de canard

Pour 4 personnes
20 minutes de préparation
1 heure 30 de cuisson

2 magrets de canard
1 branche de céleri
2 petites carottes
1 boîte de tomates pelées au naturel
4 cuillers à soupe d'huile d'olive
1 gousse d'ail
1/2 oignon
30 g de concentré de tomate, soit 1 grosse cuiller à soupe
25 cl de vin rouge épicé
500 g de tagliatelles fraîches
1 branche de romarin
Parmesan râpé

Détachez la peau des magrets. Émincez finement le céleri, les carottes, l'ail et l'oignon. Égouttez les tomates et concassez-les grossièrement. Faites chauffer 2 cuillers à soupe d'huile d'olive dans la cocotte. Ajoutez les légumes, les tomates et le romarin. Laissez mijoter 30 minutes.
Coupez les magrets en morceaux et hachez-les finement. Ajoutez-les dans la sauteuse avec le concentré et le vin. Salez, poivrez, mélangez et laissez mijoter 1 heure à moitié couvert. Retirez le romarin.
Faites cuire les tagliatelles *al dente* dans l'eau bouillante salée, égouttez-les, versez-les dans la cocotte, ajoutez 2 cuillers à soupe d'huile d'olive et remuez bien avant de servir. Accompagnez de parmesan râpé.

Conseil • Pour accentuer le goût du canard, faites fondre la graisse des magrets à la cocotte et utilisez-la à la place de l'huile d'olive.

Tagliatelles aux poireaux et foie gras

Un classique simple et rapide plébiscité par mes copines.

Pour 4 personnes
10 minutes de préparation
15 minutes de cuisson

200 g de foie gras mi-cuit ou mousse de foie gras
750 g de jeunes poireaux ou 500 g de poireaux surgelés émincés
2 gousses d'ail
1 cuiller à soupe de graisse de foie gras ou de beurre
10 cl de crème liquide
Sel et poivre
2 cubes de bouillon de volaille
350 g de tagliatelles fraîches

Lavez les poireaux et émincez-les en lanières de 15 millimètres de large. Pelez et hachez l'ail. Jetez les parties les plus vertes. Faites chauffer la graisse de foie gras ou le beurre dans une grande sauteuse. Faites-y fondre l'ail et les poireaux pendant 5 minutes à feu moyen. Ajoutez la crème, salez, poivrez et laissez cuire encore 10 minutes.

Pendant ce temps, portez à ébullition 1 litre 1/2 d'eau avec les cubes de bouillon. Plongez-y les tagliatelles, remuez et laissez cuire 2 à 5 minutes.

Écrasez la mousse de foie gras et incorporez-la aux poireaux. Laissez chauffer à feu très doux. Égouttez les pâtes et jetez-les dans la sauteuse. Mélangez, rectifiez l'assaisonnement, poivrez bien et servez. Si possible, décorez avec des copeaux de foie gras cru.

Omelette croquante aux peaux de canard

Pour 6 personnes
10 minutes de préparation
30 minutes de cuisson

La peau de 2 magrets (utilisez la chair pour une autre recette)
1 salade frisée
12 œufs
Sel et poivre
Huile d'olive
Vinaigre de vin blanc
1 cuiller à café de moutarde forte
1 petite gousse d'ail

Coupez la peau des magrets en lamelles d'1 centimètre de large. Mettez-les à fondre à feu assez vif dans une grande poêle. Laissez cuire jusqu'à ce que les lamelles aient complètement rendu leur graisse et qu'elles soient bien croustillantes. Retirez les lamelles à l'écumoire et videz la graisse sans laver la poêle.

Pendant ce temps, lavez et essorez la salade. Prélevez 6 belles branches et coupez-les en trois. Déposez le reste de salade dans un saladier. Pelez et hachez l'ail.
Battez doucement les œufs avec du sel. Versez-les dans la poêle et faites cuire à feu moyen en secouant le manche de la poêle.

Assaisonnez les feuilles de frisée coupées avec 2 cuillers à soupe d'huile d'olive et 1 cuiller à soupe de vinaigre. Salez, poivrez et ajoutez l'ail.

Dès que l'omelette est prise mais encore bien baveuse, déposez sur une moitié les peaux de canard et les feuilles de salade. Refermez l'omelette, faites-la glisser et servez avec la frisée assaisonnée d'huile d'olive, de vinaigre, de moutarde et d'ail haché.

Ravioles de foie gras poêlées à la crème de truffe

Une recette à laquelle certains hésitent à se frotter, tant sa réalisation semble longue et minutieuse. Je reconnais que les raviolis maison n'entrent pas dans le registre de l'instantané. Mais en utilisant des feuilles de pâte prêtes à l'emploi, l'exercice devient enfantin. Vous les trouverez dans les épiceries asiatiques. N'hésitez pas à les acheter en quantité, elles se conservent très bien au congélateur.

Pour 4 personnes
20 minutes de préparation
5 minutes de cuisson

350 g de foie gras cru
Sel et poivre
1 cuiller à soupe d'huile de maïs
2 jaunes d'œufs
Farine
32 feuilles de pâte à ravioli
400 g d'épinards frais
4 cubes de bouillon de volaille
10 cl de crème fraîche
10 cl de jus de truffe (en conserve)

Coupez le foie en escalopes d'1 centimètre d'épaisseur. Salez et poêlez-les. Chauffez l'huile dans une grande poêle et faites-les cuire 1 minute de chaque côté. Posez-les sur du papier absorbant et retirez un tiers de la graisse fondue. Réservez-la.

Recoupez les escalopes de façon à obtenir 16 morceaux égaux. Poivrez généreusement.

Fouettez les jaunes d'œufs avec 1 cuiller à soupe d'eau. Farinez légèrement la surface de votre plan de travail. Posez les morceaux de foie au centre des carrés de pâte. Badigeonnez les bords à l'aide d'un pinceau enduit de jaune d'œuf et déposez une autre feuille sur le dessus.
Soudez en pincant avec les doigts et prenez soin de ne pas laisser d'air autour des morceaux de foie. Coupez l'excès de pâte en y posant un petit bol et en suivant les contours avec un couteau bien aiguisé. Disposez les raviolis à plat sur une assiette et couvrez avec un linge.
Lavez et séchez les feuilles d'épinards. Retirez les tiges et essorez-les.
Portez à ébullition 2 litres d'eau additionnée des cubes de bouillon.
Faites sauter les épinards dans la graisse de canard réservée, à feu moyen pendant 5 minutes. Salez, poivrez et réservez au chaud.
Pochez les ravioles 3 minutes dans l'eau frémissante.
Disposez les épinards au centre des assiettes et versez la crème dans la poêle. Ajoutez le jus de truffe et 3 cuillers à soupe de bouillon. Laissez réduire à feu vif 2 minutes pour épaissir.
Égouttez les ravioles à l'aide d'une écumoire et disposez-les autour des épinards. Arrosez avec la crème de truffe et servez immédiatement.

Conseil • Ajoutez éventuellement des éclats de truffe dans les ravioles.

Utilisez un bouillon de poule maison préalablement dégraissé.

Pour rehausser le goût de votre bouillon à peu de frais, ajoutez des tiges d'oignon vert ou un oignon coupé en deux.

Ravioles de foie gras mi-cuit aux cèpes

La vapeur constitue un excellent mode de cuisson pour les ravioles. Vous éviterez ainsi de les soumettre aux rigueurs de l'eau bouillante. Les cèpes peuvent être remplacés par des morilles, mais le foie gras doit impérativement être du foie mi-cuit car il n'a pas le temps de cuire dans la pâte.

Pour 4 personnes
30 minutes de préparation
1 heure de repos
7 minutes de cuisson

250 g de foie gras mi-cuit
20 g de cèpes séchés
Sel et poivre du moulin
3 cubes de bouillon
1 cuiller à soupe de fond de veau déshydraté
1 jaune d'œuf
Farine
12 feuilles de pâte à ravioli
1/2 bouquet de persil

Versez un verre d'eau chaude sur les cèpes et laissez-les se réhydrater pendant 1 heure au moins.

Coupez le foie en tranches d'1 centimètre d'épaisseur. Recoupez-les en deux triangles et poivrez-les légèrement.

Versez 1 litre 1/2 d'eau dans le cuit-vapeur. Diluez les cubes de bouillon et le fond de veau. Égouttez les cèpes et ajoutez leur eau au bouillon. Attention à ne pas y verser le sable tombé au fond.

Fouettez le jaune d'œuf avec 1 cuiller à café d'eau. Farinez légèrement la surface de votre plan de travail. Posez les morceaux de foie sur un angle des carrés de pâte. Ajoutez 1 ou 2 lamelles de cèpes, salez et poivrez. Badigeonnez les bords d'un seul angle avec un peu de jaune d'œuf et repliez la feuille sur l'autre angle.
Soudez en pinçant avec les doigts en prenant soin de ne pas laisser d'air autour des morceaux de foie. Disposez les raviolis à plat dans le panier du cuit-vapeur.
Faites cuire les ravioles 7 minutes à la vapeur. Disposez-les dans les assiettes et arrosez avec le bouillon. Saupoudrez de persil ciselé et servez bien chaud.

Conseil • Pour badigeonner la pâte de jaune d'œuf, utilisez un pinceau ou votre doigt.

Coquillettes au foie gras et au pavot

Ce plat ouvertement régressif me tient particulièrement à cœur. Il fait partie de ces recettes improvisées et réussies. Le pavot vient chatouiller le palais, donnant la répartie au foie gras fondu. Et on croque la coquillette avec délice…

Pour 4 personnes
5 minutes de préparation
7 minutes de cuisson

120 g de foie gras mi-cuit
1 litre de lait demi-écrémé
Sel
250 g de coquillettes aux œufs
2 cuillers à soupe de graines de pavot
1 cuiller à café de poivre mignonnette
70 g de parmesan fraîchement râpé
Ciboulette pour décorer

Portez le lait salé à ébullition. Jetez-y les coquillettes et remuez jusqu'à ébullition. Laissez cuire *al dente* en remuant fréquemment pour éviter qu'elles n'accrochent au fond de la casserole.

Pendant ce temps, chauffez le pavot dans une poêle sèche.

Écrasez le foie gras à la fourchette.

Placez une passoire au-dessus d'un plat creux et égouttez les coquillettes. Reversez le lait dans la casserole et incorporez le foie gras. Salez peu et ajoutez le poivre. Remuez sans porter à ébullition, ajoutez les coquillettes, le pavot puis le parmesan. Servez bien chaud.

Salade de penne au magret

Pour 4 personnes
20 minutes de préparation
20 minutes de cuisson

1 magret séché ou fumé, selon votre goût, prétranché
300 g de haricots verts extra-fins
Sel et poivre
300 g de penne
2 cuillers à soupe d'huile de pistache ou pignons
1 cuiller à soupe de vinaigre de vin
80 g de pignons
1 cuiller à soupe de ciboulette ciselée
1/2 bouquet de ciboulette
70 g de parmesan en un morceau

Éboutez les haricots. Faites dorer les pignons dans une poêle sèche. Retirez-les. Détachez le gras des lamelles de magret et faites-le fondre dans une poêle à feu moyen. Arrêtez le feu quand les lamelles sont devenues croustillantes, après 10 minutes environ.

Pendant ce temps, portez à ébullition une grande casserole d'eau salée et plongez les penne et les haricots en même temps. Laissez cuire *al dente*. Préparez une vinaigrette en fouettant l'huile et le vinaigre. Égouttez les pâtes et les haricots puis passez-les sous l'eau froide pour arrêter la cuisson. Versez-les dans un grand saladier, ajoutez la vinaigrette, salez, poivrez, ajoutez les pignons, la ciboulette ciselée et remuez bien. Décorez avec les lamelles de magret et le parmesan taillé en copeaux.

Conseil • **Le temps de cuisson des haricots dépend de leur fraîcheur. Plus ils sont jeunes et fins, moins ils doivent être cuits. Pour être sûr que leur temps de cuisson correspond à celui des penne, faites un test dans l'eau bouillante. S'ils cuisent très vite, jetez-les en fin de cuisson dans l'eau des pâtes.**

Gâteau de fusilli aux aubergines

Pour 8 personnes
30 minutes de préparation
1 heure de cuisson
15 minutes de repos

1 moule à manqué de 26 cm de diamètre
1 hachoir

500 g d'aiguillettes de canard
700 g d'aubergines grillées surgelées ou 1 kg d'aubergines fraîches
2 grosses boîtes de tomates pelées au naturel ou 2 sachets de cubes de tomates cuisinés à l'italienne de chez Picard
2 gousses d'ail
1 cuiller à café de fleur de thym
2 feuilles de laurier
1 cube de bouillon
Sel et poivre
500 g de fusilli
1 œuf
350 g de cheddar
6 cuillers à soupe d'huile d'olive
2 cuillers à soupe de concentré de tomates
200 g d'olives vertes dénoyautées

Laissez décongeler les aubergines. Si vous utilisez des aubergines fraîches, émincez-les en fines lamelles et faites-les revenir 10 minutes à l'huile d'olive.

Hachez les aiguillettes. Videz le contenu des boîtes de tomates dans une grande casserole avec leur jus de conservation et écrasez-les. Ajoutez l'ail, le thym, le laurier, le cube de bouillon et le hachis de canard. Salez et poivrez. Mélangez et laissez mijoter 30 minutes à feu moyen. La préparation doit avoir épaissi sans être sèche. Coupez les olives grossièrement et incorporez-les à mi-cuisson.

Pendant ce temps, faites cuire les fusilli *al dente*, égouttez-les et rafraîchissez-les sous l'eau froide. Râpez ou hachez 200 grammes de cheddar.
Ôtez la sauce à la viande de canard du feu, retirez le laurier et laissez tiédir 15 minutes.

Préchauffez le four à 200 °C (thermostat 6-7).
Incorporez rapidement l'œuf et le cheddar râpé à la sauce à la viande. Coupez le reste de cheddar en gros dés.

Huilez un moule à manqué de 26 centimètres de diamètre. Tapissez le fond et les parois du moule d'une couche d'aubergines. Mélangez les fusilli à la sauce et versez-en la moitié dans le moule. Couvrez avec des dés de cheddar et versez le reste de fusilli. Recouvrez complètement d'aubergines. Couvrez avec une feuille de papier d'aluminium. Laissez cuire 20 minutes, retirez la feuille d'aluminium puis laissez cuire encore 10 minutes.

Servez bien chaud, accompagné d'une salade.

Conseil • **Pour un gâteau encore plus moelleux, ajoutez 10 centilitres de crème fraîche ou de béchamel dans la sauce après cuisson.**

Idée • **Vous pouvez remplacer le cheddar par un fromage doux, type emmental, ou panacher parmesan et cheddar.**

J'adore • **au lieu des dés de cheddar, utilisez des lamelles de fromage préemballées au cheddar.**

Risotto aux champignons et au foie gras

À l'heure où l'on voit fleurir des risottos fantaisistes sur toutes les cartes de restaurant, il est bon d'en rappeler les règles élémentaires : du riz rond italien, une cuisson au beurre – l'huile d'olive ne donne pas l'indispensable onctuosité – et l'ajout progressif de bouillon très chaud. Ici, j'ai choisi des morilles et du foie gras pour faire de ce plat paysan un plat de fête, mais une simple poêlée de champignons de Paris fera très bien l'affaire.

Pour 4 personnes
10 minutes de préparation
20 minutes de cuisson

4 escalopes de foie gras cru de 50 g chacune
200 g de morilles fraîches ou 40 g de morilles séchées
300 g de riz arborio ou carnaroli
1 oignon
50 g de beurre
20 cl de vin blanc sec
2 litres de bouillon de volaille maison ou préparé avec 3 cubes
100 g de parmesan râpé
Quelques brins de ciboulette
Sel et poivre du moulin

Réhydratez les morilles si elles sont sèches en les plongeant 1 heure dans un bol d'eau tiède. Si elles sont fraîches, époussetez-les ou lavez-les dans un bol d'eau fraîche puis séchez-les.

Pelez et émincez finement l'oignon. Préparez le bouillon et portez-le à ébullition. Maintenez un petit bouillon tout au long de la cuisson du riz. Coupez grossièrement les morilles.

Chauffez le beurre dans une sauteuse. Faites fondre l'oignon 5 minutes puis faites revenir le riz 1 minute jusqu'à ce qu'il soit translucide. Arrosez avec le vin et continuez de remuer jusqu'à absorption. Incorporez les morilles puis ajoutez une louche de bouillon. Remuez et continuez d'incorporer le bouillon louche après louche pendant 15 minutes environ, sans cesser de remuer et en veillant à n'ajouter de liquide que lorsque le riz commence à sécher légèrement. Lorsque le riz est cuit mais encore un peu ferme sous la dent, retirez du feu, versez le parmesan, remuez et ajoutez un peu de bouillon si le riz est trop dense. Couvrez et réservez.

Poêlez les escalopes 30 secondes sur chaque face. Servez le risotto dans des assiettes creuses, déposez les escalopes sur le dessus et laissez couler le gras de cuisson sur le riz. Décorez avec des brins de ciboulette.

Petits gâteaux de foies de canard aux pistaches

Pour 6 personnes
10 minutes de préparation
30 minutes de cuisson

400 g de foies de canard
400 g de restes de canard déjà cuit
40 g de chapelure
10 cl de crème liquide
10 cl de vin blanc doux (banyuls, sauternes)
3 œufs
50 g de pistaches
1/2 cuiller à café de sel
Poivre blanc du moulin ou poivre vert séché

Préchauffez le four à 180 °C (thermostat 6). Hachez très finement les restes et les foies de canard. Ajoutez la chapelure, la crème, le vin, les œufs battus et le thym. Concassez les pistaches et ajoutez-les à la préparation. Salez et poivrez généreusement. Versez dans des petits moules beurrés et enfournez dans un bain-marie. Faites cuire 30 minutes. Démoulez et servez bien chaud accompagné d'une salade verte.

Pommes farcies au foie gras

Pour 4 personnes
15 minutes de préparation
20 minutes de cuisson
3 heures à 2 jours de refroidissement

300 g de foie gras cru
1/2 cuiller à café de sucre
1/4 cuiller à café de sel
1 pincée de noix de muscade
Poivre du moulin
4 grosses pommes golden
1 cuiller à café de calvados
20 g de pistaches non salées décortiquées

Préchauffez le four à 160 °C (thermostat 5-6). Écrasez le foie à la fourchette avec le sucre, le sel, la muscade, le calvados et le poivre. Incorporez les pistaches.

Lavez et séchez les pommes. Retirez leur chapeau en coupant à 2 centimètres du sommet. Creusez l'intérieur à la petite cuiller ou, mieux, à la cuiller parisienne. Laissez environ 1 centimètre de pulpe à l'intérieur.

Remplissez avec le foie gras, replacez le chapeau, et posez les pommes dans un plat allant au four. Versez un peu d'eau dans le fond et enfournez. Laissez cuire 20 minutes. Retirez du four et laissez tiédir 10 minutes. Emballez les pommes dans du film alimentaire bien serré. Laissez refroidir et entreposez au frais 3 heures au moins jusqu'à 2 jours.

Coupez les pommes en quatre quartiers et accompagnez de mâche à l'huile de noix.

Aiguillettes sauce à moi

Pour 4 personnes
15 minutes de préparation
2 heures de marinade (toute une nuit si possible)
5 minutes de cuisson

500 g d'aiguillettes de canard
3 cuillers à soupe de sauce de soja
2 cuillers à soupe de vin blanc doux
1 cuiller à café de poudre de curry
2 cuillers à café de gingembre frais et râpé
Sel et poivre
1 poignée de raisins secs
1 concombre
1/2 pomme
1/2 citron
20 g de beurre
3 brins de menthe
2 cuillers à soupe d'huile neutre

Dans un saladier, mélangez la sauce de soja, le vin blanc doux, la poudre de curry, le gingembre, du sel et du poivre. Ajoutez les aiguillettes, remuez et laissez mariner 2 heures au moins, toute la nuit si possible.

Le lendemain, arrosez les raisins avec 1 verre d'eau bouillante et laissez reposer. Pelez le concombre et retirez ses graines. Coupez-le en dés d'un centimètre de côté. Pelez la pomme, coupez-la en dés de la même taille et citronnez. Faites chauffer le beurre et dorez le concombre avec la pomme et les raisins. Laissez cuire 5 minutes à feu vif. Salez et poivrez en fin de cuisson.

Pendant ce temps, faites dorer les aiguillettes dans l'huile, à feu vif, 1 minute sur chaque face. Versez le reste de marinade dans la poêle et donnez un bouillon. Servez les aiguillettes avec la sauce et couvrez le tout de concombre sauté aux pommes. Saupoudrez de menthe hachée.

Magrets poêlés aux griottes

Pour 4 personnes
2 minutes de préparation
15 minutes de cuisson

4 magrets de canard
Sel de Guérande et poivre du moulin
1 bocal de griottes dénoyautées au sirop,
soit environ 400 g égouttées
1 grosse boîte de pêches au sirop
50 cl de fond de canard ou de volaille (maison ou en poudre)
10 cl de porto soit 1/2 verre

Tailladez la peau des magrets et déposez-les côté peau dans une poêle préalablement chauffée, saupoudrez de sel de Guérande et d'un tour de poivre du moulin. Laissez cuire 5 minutes, retournez puis laissez cuire encore 4 minutes. Lorsqu'ils sont bien saisis, retirez-les du feu et posez-les dans un plat allant au four. Découpez les pêches au sirop en quartiers et disposez-les dans le plat. Placez le plat dans un four chaud mais éteint. Réservez le reste de gras.

Déglacez la poêle avec les griottes dénoyautées (conservez le sirop) et laissez chauffer 3 minutes. Versez le fond de canard dans une casserole, ajoutez 1/2 verre de porto et 1/2 demi-verre de sirop de griottes. Remuez très doucement avec une cuiller en bois et laissez réduire jusqu'à obtention d'une sauce sirupeuse.

Versez le fond de canard sur les griottes dans la poêle et versez le tout sur les filets de canard préalablement tranchés.

Tournedos de thon rossini

Pour 4 personnes
5 minutes de préparation
5 minutes de cuisson

4 escalopes de foie gras cru de 40 à 50 g chacune
1/2 bouquet de ciboulette
4 steaks de thon rouge bien épais de 180 g chacun environ
Fleur de sel et poivre
5 cuillers à soupe de madère
1 cuiller à soupe de sauce de soja

Lavez et séchez la ciboulette. Ciselez-la grossièrement.

Salez les steaks de thon à la fleur de sel. Poêlez à feu très vif 30 secondes de chaque côté. Baissez le feu et laissez cuire 1 à 2 minutes de chaque côté à feu moyen, selon le degré de cuisson désiré. Poivrez et réservez.

Poêlez les escalopes de foie gras 30 secondes de chaque côté. Salez, poivrez et déposez-les sur les steaks. Versez le madère et la sauce de soja dans la poêle. Laissez réduire au tiers et versez dans les assiettes. Saupoudrez de ciboulette ciselée.

Conseil • N'oubliez pas de saler les tournedos avant cuisson afin de pouvoir les poêler sans ajouter de matière grasse.

Steaks de canard au poivre vert

Un bon exemple de *fusion food*: on connaissait l'aptitude du canard à se marier au poivre vert, on appréciait depuis longtemps le steak au poivre. Je ne prenais pas beaucoup de risques en osant le steak de canard au poivre vert. Et ça marche au poil.

Pour 4 personnes
1 nuit de marinade
4 à 5 minutes de cuisson

4 steaks de canard (magrets sans peau)
25 cl de litre de vin blanc sec
2 cuillers à soupe de grains de poivre vert frais
20 g de beurre
1 cuiller à soupe d'huile
10 cl de cognac
20 cl de crème fraîche
Sel

La veille, faites mariner les steaks de canard dans le vin blanc aromatisé avec 1 cuiller à soupe de grains de poivre vert.

Le lendemain, faites chauffer le beurre et l'huile dans une sauteuse ou une grande poêle. Égouttez les steaks et faites-les sauter rapidement au beurre. Ils doivent rester saignants. Salez. Chauffez légèrement la marinade à feux doux.

Lorsque la viande est à point, retirez-la et tenez-la au chaud.

Versez le cognac dans la poêle et flambez. Mouillez avec 1 verre de marinade préchauffée puis grattez les sucs de cuisson. Laissez réduire quelques instants.

Ajoutez la crème fraîche et le reste du poivre. Donnez un bouillon. Nappez les steaks et servez aussitôt. Accompagnez d'une galette de pomme de terre, voir recette page 120 (sans confit).

Magrets de canard laqué au miel et aux épices

Pour 4 personnes
10 minutes de préparation
15 minutes de cuisson

3 magrets de canard
3 cuillers à soupe de miel liquide
3 cuillers à soupe de vinaigre de vin rouge
1/2 cuiller à café de cannelle en poudre cinnamon
1/2 cuiller à café de coriandre en grains
1/2 cuiller à café de cumin en poudre
1 cuiller à café de vanille liquide

Préchauffez le four à 230 °C (thermostat 7-8). Faites chauffer le miel liquide dans une petite casserole jusqu'à ce qu'il caramélise. Versez le vinaigre de vin pour diluer et laissez réduire à feu doux jusqu'à obtention d'un sirop épais. Versez les épices, mélangez et retirez du feu.

Entaillez largement la peau des magrets. Salez et poivrez. Disposez-les dans un plat allant au four, côté peau en dessous, puis enfournez pour 10 minutes. Retournez-les et laissez cuire encore 3 minutes. Versez le mélange aux épices sur la peau et caramélisez 1 minute sous le gril.

Coupez les magrets en lamelles, répartissez-les dans les assiettes et servez avec la sauce. Accompagnez d'une salade verte bien relevée ou d'une purée de légumes.

Magrets vapeur à l'orange et à la coriandre

Cette recette constitue un cas d'école. Pas un garçon qui ne fasse la grimace lorsqu'on lui parle de viande rouge cuite à la vapeur. Les filles, elles non plus, ne sont pas spontanément emballées. Si vous parvenez à affronter les moues boudeuses, vous recueillerez un déluge d'éloges : tendreté, sapidité, jus, légèreté… tous les attributs du canard sont ici révélés. Merci à Marion Kaplan, la reine de la cuisson « à toute vapeur », qui fut la première à oser tenter l'expérience.

Pour 4 personnes
10 minutes de préparation
20 minutes de cuisson

2 magrets de canard
3 oranges
5 cl de vinaigre de Xérès + 1 cuiller à café
2 cuillers à soupe d'huile d'olive
Sel et poivre du moulin
2 cuillers à soupe de sucre
1 cuiller à soupe rase de fond de volaille déshydraté
1 cuiller à café de grains de coriandre
1 bouquet de coriandre
1 bouquet de persil plat
1 bouquet de cerfeuil
30 g de beurre

Pressez le jus de 2 oranges. Prélevez-en 1 cuiller à soupe pour préparer la vinaigrette. Ajoutez-y 1 cuiller à café de vinaigre de Xérès et 2 cuillers à soupe d'huile d'olive. Salez, poivrez et réservez. Pelez l'orange restante à vif et détachez les quartiers.

Dans une petite casserole, portez le vinaigre et le sucre à ébullition. Ajoutez le jus des 2 oranges et laissez réduire de moitié. Diluez le fond de volaille dans 20 centilitres d'eau et versez-le dans la casserole avec les grains de coriandre. Laissez de nouveau réduire 20 minutes à feu vif.

Pendant ce temps, portez de l'eau à ébullition dans un cuit-vapeur. Faites cuire les magrets posés côté peau vers le haut 10 à 12 minutes selon la cuisson désirée.

Lavez et séchez les herbes. Détachez les brins en coupant les tiges.

Ajoutez le beurre dans la sauce réduite et fouettez énergiquement pendant 2 minutes. Retirez du feu dès le premier bouillon. Salez, poivrez et couvrez pour tenir au chaud.

Retirez les magrets et enveloppez-les dans une grande feuille de papier d'aluminium.

Assaisonnez les herbes avec la vinaigrette et placez-les dans les assiettes. Décorez avec les quartiers d'orange. Salez et poivrez. Découpez les magrets en tranches fines et disposez dans les assiettes. Arrosez avec la sauce encore chaude. Décorez la salade avec des zestes d'orange très fins prélevés au zesteur.

Aiguillettes du dimanche

Pour 4 personnes
2 minutes de préparation
15 minutes de cuisson

600 g d'aiguillettes de canard
1 grosse boîte d'abricots au sirop ou 600 g d'abricots frais
10 cl de vin blanc sec
Sel et poivre concassé
2 cuillers à soupe de miel
2 cuillers à soupe de sauce de soja
1 cuiller à café de thym
1 cuiller à soupe de vinaigre
1 cuiller à soupe d'huile de tournesol

Égouttez les abricots. Mélangez le vin blanc et 10 centilitres de leur sirop dans une casserole. Versez-y les abricots, salez légèrement et laissez pocher 10 minutes à feu moyen.

Mélangez 2 cuillers à soupe de miel, le vinaigre, 2 cuillers à soupe de sauce de soja, 1 cuiller à café de thym et 1/2 cuiller à café de poivre concassé. Passez les aiguillettes de canard dans ce mélange. Poêlez-les à feu vif dans l'huile chaude 30 secondes de chaque côté. Versez les abricots égouttés dans la poêle, remuez pendant 2 minutes et servez avec les aiguillettes.

Conseil • Si vous utilisez des abricots frais, remplacez le sirop par 10 centilitres d'eau additionnés d'1 cuiller à soupe de miel.

Burger mi-cuit au foie gras

Rendons à César ce qui appartient à Claude Lebey. Cette recette m'a été suggérée par mon ami et conseiller, infatigable arpenteur du Paris de la gastronomie. L'idée est simple : ajouter des petits dés de foie gras dans un steak haché pour en faire un délicieux french-burger. Les grandes idées sont souvent les plus simples, ce qui n'est pas fait pour me déplaire.

Pour 6 personnes
30 minutes de préparation
30 minutes de repos
15 minutes de cuisson

300 g de foie gras mi-cuit
1 kg de pommes de terre
1 gousse d'ail
Sel et poivre
Beurre
900 g de filet de bœuf haché
1/2 bouquet de ciboulette
1 cuiller à soupe de porto
Confiture d'oignons
1 laitue

Placez le foie gras mi-cuit au congélateur pendant 30 minutes pour le durcir.

Pelez et râpez les pommes de terre à la grosse grille. Ajoutez la gousse d'ail hachée, du sel, du poivre et mélangez bien. Beurrez généreusement une grande poêle, chauffez à feu vif et étalez un peu de préparation dans la poêle pour former 12 petites galettes. Procédez en plusieurs fournées ou utilisez deux poêles. Laissez cuire 5 à 7 minutes de chaque côté. Ajoutez un peu de beurre en cours de cuisson. Réservez au chaud.

Dans un saladier, mélangez la viande hachée, la ciboulette ciselée, le porto, du sel et du poivre. Malaxez bien. Coupez le foie gras mi-cuit en petits dés et incorporez-les délicatement à la viande.

Façonnez 6 boulettes et écrasez-les en « burgers » bien épais. Faites chauffer une poêle à feu vif, poêlez-les environ 1 minute 1/2 de chaque côté. Adaptez selon la cuisson voulue. Couvrez et laissez reposer hors du feu quelques minutes pour qu'ils chauffent à l'intérieur sans cuire.

Dans les assiettes, placez une galette de pommes de terre, couvrez avec un peu de confiture d'oignons, une feuille de laitue, ajoutez un « burger » puis déposez une deuxième galette sur le côté. Servez avec le reste de salade assaisonnée.

Conseil • Pour des burgers encore plus moelleux, remplacez la moitié du foie gras mi-cuit par du foie gras cru écrasé en pâte.

Navets farcis au confit et aux herbes

Pour 4 personnes
15 minutes de préparation
55 minutes de cuisson

2 cuisses de canard confites
8 gros navets
1/2 bouquet de persil
1/2 bouquet de cerfeuil
1/2 bouquet de ciboulette
Sel et poivre
2 cuillers à soupe de vinaigre

Pour la sauce :
1 cuiller de vinaigre de vin blanc
1 pointe de muscade
Sel et poivre blanc
3 cuillers à soupe de crème

Pelez les navets et plongez-les dans une casserole d'eau bouillante bien salée. Laissez cuire 20 minutes puis égouttez.

Faites chauffer les cuisses avec leur graisse. Égouttez-les, retirez la peau et réservez la chair. Lavez, séchez, hachez les herbes et mélangez-les au confit. Salez légèrement et poivrez.

Préchauffez le four à 180 ° C (thermostat 6).

Retirez un chapeau aux navets et creusez-les à l'aide d'une cuiller à café. Réservez la pulpe. Farcissez les navets avec le confit et placez-les dans un plat allant au four. Versez un peu d'eau dans le fond du plat et ajoutez 1 cuiller à soupe de graisse de canard. Faites cuire 20 minutes. Arrosez le dessus des navets avec le vinaigre et laissez cuire encore 5 minutes. Servez bien chaud.

Utilisez la pulpe des navets pour préparer une sauce crémeuse. Mixez-la, ajoutez 1 cuiller de vinaigre de vin blanc, 1 pointe de muscade, du sel et du poivre blanc. Faites cuire 10 minutes à couvert et à feu doux, ajoutez 3 cuillers à soupe de crème, portez à ébullition et servez autour des navets.

Galettes de pommes de terre au confit

Pour 4 personnes
20 minutes de préparation
30 minutes de cuisson

1 grosse boîte de manchons de canard confits
800 g de pommes de terre (mona-lisa, bintje)
1 gousse d'ail
1/2 bouquet de persil plat
1 pincée de noix de muscade
Sel et poivre du moulin

Pelez et râpez les pommes de terre à la grosse grille. Écrasez l'ail. Lavez, séchez et ciselez le persil.

Faites fondre la graisse du confit, égouttez les manchons, ôtez la peau et émiettez la chair entre vos doigts.

Mélangez l'ail, le persil et la viande aux pommes de terre. Muscadez, salez et poivrez généreusement.

Faites chauffer 2 cuillers à soupe de graisse de canard à feu moyen dans une grande poêle. Versez-y les pommes de terre. Tassez bien et laissez cuire 15 minutes. Arrosez le dessus avec 1 cuiller à soupe de graisse de canard. Retournez la galette et laissez cuire encore 15 minutes. Servez chaud ou froid, avec une salade verte relevée d'une vinaigrette moutardée.

Fruits et légumes poêlés au foie gras

Un plat follement diététique, pas plus de 300 calories par personne.

Pour 6 personnes
20 minutes de préparation
12 minutes de cuisson

300 g de foie gras cru dénervé
200 g de grains de raisins frais
350 g de brocolis en fleurettes
350 g d'asperges vertes
250 g de pois mange-tout
250 g de petits champignons de Paris ou de cèpes, selon la saison
2 gousses d'ail
30 cl de bouillon de légumes
Sel et poivre du moulin
3 brins de thym
10 cl de vin blanc sec

Lavez et séchez les raisins et les légumes. Coupez les champignons en quatre. Retirez le bout dur des asperges et coupez-les en biseaux. Coupez les raisins en deux et retirez les pépins. Pelez et hachez l'ail. Chauffez le bouillon de légumes, maison ou réalisé avec 1 cube. Coupez le foie gras en dés.

Dans une grande poêle ou un wok, faites rissoler les dés de foie gras pendant 1 minute à feu très vif. Salez et retirez-les à l'écumoire. Retirez la moitié de la graisse rendue.

Versez l'ail et faites-le fondre à feu doux. Ajoutez les légumes, à l'exception des champignons, saupoudrez de thym et mélangez. Versez le vin et le bouillon de légumes. Laissez cuire 5 à 7 minutes jusqu'à ce que le bouillon soit absorbé. Ajoutez les champignons et les raisins puis faites sauter encore 3 minutes. Salez, poivrez et ajoutez le foie gras. Remuez et retirez du feu. Servez avec du pain de campagne frotté à l'ail et arrosé de la graisse du foie gras.

Conseil • Vous pouvez conserver la graisse rendue par le foie gras pour faire rissoler des pommes de terre ou l'incorporer à une vinaigrette.

Salade de grattons

Pour 4 personnes
10 minutes de préparation
10 minutes de cuisson

350 g de grattons en conserve
1 pomme granny
1 citron
3 cuillers à soupe d'huile de noix
1 cuiller à soupe de vinaigre de cidre
1 cuiller à soupe de vinaigre balsamique
Sel et poivre
1 petite salade frisée (150 à 200 g de feuilles)
30 g de cerneaux de noix
2 cuillers à soupe de câpres au vinaigre

Videz le contenu de la boîte de grattons dans une poêle et faites réchauffer 10 minutes à feu moyen.

Pendant ce temps, pelez la pomme et coupez-la en petits dés. Citronnez-les au fur et à mesure. Lavez et essorez les feuilles de salade. Placez-les dans un saladier, arrosez avec l'huile de noix et les vinaigres. Salez et poivrez légèrement. Ajoutez les dés de pommes et les noix concassées.

Versez les grattons chauds sur la salade, parsemez de câpres et servez sans attendre.

Escalopes de foie gras en croûte d'épices

Une entrée originale qui offre des contrastes amusants : foie poêlé onctueux, robe de cèpes aux épices croustillantes et pain brioché doux et moelleux. Pensez à avoir toujours des cèpes secs dans un placard, des escalopes de foie gras au congélateur et du pain là où vous voulez.

Pour 6 personnes
10 minutes de préparation
4 heures de congélation
7 minutes de cuisson

6 belles escalopes de foie gras cru dénervé de 1 cm d'épaisseur
25 g de pain aux noix rassis
25 g de cèpes séchés
50 g de beurre demi-sel
1 cuiller à café de quatre-épices
1 bonne pincée de cannelle
Sel et poivre du moulin
2 cuillers à soupe de vinaigre de Xérès
6 tranches épaisses de pain brioché

Entreposez les escalopes au congélateur pendant 4 heures au moins. Elles doivent être complètement surgelées.

Allumez le gril du four. Mixez le pain aux noix coupé en morceaux et les cèpes séchés, incorporez le beurre ramolli, les épices et un peu de poivre. Malaxez bien pour obtenir une pâte homogène.

Sortez les escalopes du congélateur, salez et poivrez légèrement. Étalez une fine couche de pâte aux cèpes sur chacune d'elles. Pressez pour bien faire adhérer. Posez-les dans un plat à gratin, côté vierge vers le bas. Placez le plat 10 centimètres au dessous du gril et laissez gratiner 3 minutes environ. Vérifiez que la croûte ne brûle pas. Réservez les escalopes au chaud sur une assiette.

Posez le plat de cuisson sur le feu, arrosez avec le vinaigre et laissez réduire quelques secondes. Posez les tranches de pain dans le jus réduit, retournez-les pour bien les imbiber et repassez-les 1 minute sous le gril pour qu'elles croustillent d'un seul côté.

Déposez les escalopes sur les tranches de pain dorées, accompagnez d'une salade verte et, si vous en avez le courage, quelques cèpes poêlés à l'échalote.

Conseil • Pour gagner du temps, vous pouvez utiliser des escalopes de foie gras surgelées du commerce. Si vous n'avez pas de quatre-épices, utilisez un mélange à parts égale. de clous de girofle moulus, de cannelle, de muscade et de poivre.

Croquants de foie gras aux fruits

Pour les rendre croquantes, enrobez les escalopes de foie de toutes sortes de chapelures : miettes de pain rassis, couscous, graines de sésame, de pavot, de sarrasin ou, comme ici, quelques éclats de noix. À paner comme une escalope de veau. Quand je pense que certains prétendent que le foie gras est difficile à réussir…

Pour 4 personnes
15 minutes de préparation
12 minutes de cuisson

4 belles escalopes de foie gras cru dénervé
50 g d'abricots secs
50 g de farine
1 œuf
100 g de poudre de noix
Sel et poivre
2 pommes fondantes, type royal gala
1/2 jus de citron
40 g de cerneaux de noix entiers
30 g de beurre
2 cuillers à soupe de banyuls ou de vin blanc doux

Versez un peu d'eau bouillante sur les abricots et laissez gonfler quelques minutes.

Versez un peu de farine dans une assiette creuse, un œuf battu dans une autre et la poudre de noix dans une troisième. Salez et poivrez la poudre.

Égouttez les abricots et coupez-les en petits dés. Pelez les pommes et citronnez-les.

Faites fondre le beurre dans une poêle puis faites-y dorer les pommes 5 minutes à feu moyen. Retournez-les, ajoutez les cerneaux de noix et les abricots puis laissez cuire encore 5 minutes.

Chauffez une poêle à feu vif. Passez les escalopes successivement dans la farine, dans l'œuf puis dans la poudre de noix. Poêlez-les 30 secondes de chaque côté et disposez-les dans les assiettes. Déglacez la poêle avec le vin doux, arrosez les escalopes de ce jus et servez avec les fruits dorés au beurre.

Brochettes de cerises au foie gras

N'hésitez pas à préparer cette recette toute l'année en remplaçant les cerises par des fruits de saison : pastèque, prunes, mangues ou pruneaux trempés dans un vin rouge bien corsé.

Pour 4 personnes
5 minutes de préparation
1 minute de cuisson

4 escalopes de foie gras cru dénervé
150 g de cerises
1 cuiller à café de cardamome
2 cuillers à soupe de vinaigre balsamique
1 cuiller à soupe de porto
4 tranches de pain brioché
Sel et poivre

Sortez les escalopes et les cerises 1/2 heure avant de préparer la recette. Coupez les escalopes de foie gras en dés de 10 grammes chacun. Salez, poivrez et saupoudrez de cardamome.

Sur des pics en bois, alternez une cerise, un dé de foie gras, une cerise, un dé de foie gras et terminez par une cerise. Salez, poivrez et saupoudrez de cardamome.

Toastez les tranches de pain et déposez-les dans les assiettes. Poêlez les brochettes à feu vif 1 minute sur toutes les faces. Disposez-les sur une assiette. Déglacez la poêle avec le vinaigre balsamique et le porto puis versez sur les brochettes. Servez bien chaud.

Magrets aux framboises

Pour 4 personnes
5 minutes de préparation
20 minutes de cuisson

2 magrets de canard
Sel et poivre du moulin
1 échalote
200 g de framboises
1 cuiller à soupe de vinaigre de framboise
2 pincées de cannelle
2 cuillers à soupe de sucre brun
1 branche de thym

Préchauffez le four à 200 °C (thermostat 6-7). Taillez la peau des magrets tous les 2 centimètres. Salez et poivrez la chair, saupoudrez-la de thym. Faites chauffer une poêle à feu vif et poêlez les magrets côté peau pendant 5 minutes. Retournez-les et laissez dorer 1 minute. Retirez du feu et placez-les dans un plat. Enfournez et laissez cuire 15 minutes.

Pendant ce temps, émincez finement l'échalote. Videz la poêle et gardez 2 cuillers à soupe de graisse. Faites fondre les échalotes 5 minutes à feu doux, ajoutez les framboises, remuez puis écrasez-les à la fourchette. Salez, sucrez, poivrez puis ajoutez le vinaigre et la cannelle. Remuez et coupez le feu. Si la sauce est trop épaisse, ajoutez un peu d'eau.

Retirez les magrets du plat et coupez-les en tranches de 5 millimètres d'épaisseur. Disposez dans les assiettes et arrosez de sauce. Servez avec une purée de pommes de terre et de céleri ou une salade verte assaisonnée au vinaigre de framboise et agrémentée de framboises fraîches.

Conseil • Vous pouvez utiliser des brisures de framboises surgelées.

Brochettes de canard à la pastèque

Pour 4 personnes
5 minutes de préparation
12 heures de marinade
5 minutes de cuisson

250 g d'aiguillettes de canard
4 cuillers à soupe de sauce de soja
1 gousse d'ail
12 cuillers à café de mélange cinq-épices
1/2 cuiller à café de sel
2 cuillers à café d'huile de sésame
1/4 de pastèque
2 cuillers à café de graines de sésame

Coupez les aiguillettes en dés de 2 centimètres de largeur.

Dans un grand bol, mélangez la sauce de soja, l'ail haché, le cinq-épices, le sel et l'huile de sésame. Mélangez les dés de canard à la sauce, couvrez et laissez mariner toute la nuit au frais.

Coupez la chair de la pastèque en dés de 2 centimètres de largeur.

Sur les brochettes, alternez morceaux de canard et dés de pastèque. Chauffez l'huile dans une grande poêle. Faites cuire les brochettes 5 minutes à feu assez vif en arrosant régulièrement de marinade. Saupoudrez de graines de sésame en fin de cuisson.

Magrets de canard au curry rouge

Pour 4 personnes
10 minutes de préparation
4 heures de marinade
12 minutes de cuisson

4 magrets de canard
1 quinzaine de litchis
Quelques feuilles de basilic thaï

Pour la marinade :
2 cuillers à soupe de sauce d'huîtres
2 cuillers à soupe de sauce de soja
1 cuiller à soupe d'huile d'arachide
1 cuiller à café de sucre en poudre
1/2 cuiller à café de poivre moulu

Pour la sauce :
50 cl de lait de coco
1 cuiller à café de pâte de curry rouge
1/2 cuiller à café de sucre semoule
2 cuillers à soupe de nuoc-mam

Dégraissez légèrement les magrets en désépaississant la peau et entaillez-la sans toucher les chairs. Mélangez les ingrédients de la marinade et ajoutez les magrets. Retournez-les plusieurs fois et couvrez. Laissez mariner au moins 4 heures au frais. Pelez et dénoyautez les litchis. Réservez.

Le lendemain, préchauffez le four à 200 °C (thermostat 6-7). Égouttez les magrets et enfournez-les côté chair vers le bas. Laissez rôtir 3 minutes puis poêlez 2 minutes de chaque côté à feu assez vif.

Dans une casserole, mélangez le lait de coco, le curry, le sucre et le nuoc-mam. Chauffez à feu doux en remuant fréquemment. Découpez les magrets en lamelles de 5 millimètres d'épaisseur. Servez avec la sauce, les litchis froids et décorez avec le basilic ciselé.

Canard en cocotte

Curry de canard au potimarron

Ceux qui pensent que le potiron n'a de salut que dans la soupe ont intérêt à se mettre dès maintenant aux fourneaux. Sa chair est ferme et moelleuse, ses calories basses et ses pouvoirs antioxydants universellement reconnus. C'est l'un des aliments les plus riches en carotène. Personnellement, je préfère le potimarron qui se tient mieux à la cuisson et possède un petit goût de noisettes irrésistible.

Pour 6 personnes
20 minutes de préparation
20 minutes de cuisson

1 kg d'aiguillettes de canard
1 gros oignon rouge
3 gousses d'ail
15 g de racine de gingembre
1 kg de potimarron
4 cuillers à soupe d'huile d'arachide
1 cuiller à soupe de curry en poudre
Sel
1 cuiller à café de cannelle
2 cuillers à café de grains de cumin
4 clous de girofle
6 gousses de cardamome
1 branche de thym
200 g de tomates fraîches ou pelées au naturel
15 cl de lait de coco liquide
1 cube de bouillon de poule
1 pincée de piment de Cayenne
3 cuillers à soupe de graines de tournesol (facultatif)

Pelez et émincez finement l'oignon. Pelez et écrasez l'ail et le gingembre. Coupez les aiguillettes en gros dés. Épluchez le potimarron, coupez-le en deux puis retirez les graines. Coupez la chair en gros cubes.

Faites chauffer 2 cuillers à soupe d'huile dans une poêle, versez les cubes de potiron, ajoutez le curry, salez et faites sauter 10 minutes à feu moyen.

Pendant ce temps, versez le reste d'huile dans une sauteuse. Faites sauter les cubes de canard pendant 3 minutes. Salez, poivrez et réservez.

Faites sauter l'ail, l'oignon, le gingembre, la cannelle, le cumin, les clous de girofle, les graines de cardamome récupérées en ouvrant les gousses et le thym. Faites revenir le tout 5 minutes. Incorporez les tomates concassées puis le lait de coco, 20 centilitres d'eau et le cube de bouillon. Portez à ébullition.

Ajoutez les cubes de potiron, remuez, salez, pimentez et laissez cuire 10 minutes à feu doux. Incorporez les cubes de canard, laissez cuire encore 2 minutes et servez chaud. Saupoudrez de graines de tournesol grillées à la poêle.

Cuisses de canard aux pommes et au cidre

Pour 4 personnes
20 minutes de préparation
1 heure 1/4 de cuisson

4 cuisses de canard
200 g de petits champignons de Paris
2 petites échalotes
50 g de beurre
1 cuiller à soupe d'huile
Sel et poivre
3 cuillers à soupe de calvados
40 cl de cidre brut
20 cl de crème liquide
2 pommes

Nettoyez les champignons, ôtez les pieds terreux et coupez-les en quatre. Pelez et émincez les échalotes.

Dans une sauteuse, faites dorer les cuisses avec 10 grammes de beurre et l'huile. Salez et poivrez. Jetez la moitié de la graisse rendue à la cuisson, versez le calvados et flambez. Ajoutez les échalotes, laissez fondre 5 minutes puis versez le cidre. Laissez mijoter 30 minutes à couvert.

Faites chauffer 20 grammes de beurre dans une poêle et faites-y dorer les champignons. Ajoutez-les dans la sauteuse, incorporez la crème liquide et laissez cuire encore 20 minutes.

Pelez et coupez les pommes en quartiers. Faites-les fondre à la poêle avec le reste de beurre, salez, poivrez et réservez.

Égouttez les cuisses et faites réduire la sauce à feu vif si nécessaire. Servez les cuisses avec la sauce aux champignons et les pommes fondantes.

Tajine de confit de canard aux carottes caramélisées

Pour 4 personnes
10 minutes de préparation
40 minutes de cuisson

4 cuisses de canard confit
4 grosses carottes
1 gousse d'ail
1 cuiller à café de cumin en grains
1 cuiller à café de gingembre en poudre
60 g de sucre cassonade + 1 cuiller à soupe
1 cuiller à café de fleur de sel
1/2 cuiller à café de cannelle

Pelez les carottes et coupez-les en biseau en rondelles de 1 centimètre d'épaisseur. Pelez et hachez l'ail. Placez les carottes dans une grande casserole, ajoutez le cumin, le gingembre et l'ail. Couvrez d'eau, ajoutez 2 cuillers à soupe de graisse de canard, le sucre et le sel. Portez à ébullition et faites cuire à feu assez vif jusqu'à évaporation complète.

Un peu avant la fin de la cuisson, placez les cuisses dans une sauteuse et faites réchauffer à feu doux. Videz la graisse et remettez-les dans la sauteuse. Saupoudrez de cannelle et d'une cuiller à soupe de sucre puis faites dorer côté peau à feu assez vif. Servez chaud ou tiède. Si vous le souhaitez, saupoudrez les carottes de menthe ciselée.

Tajine de confit de canard aux dattes de l'Atlas

Pour 4 personnes
10 minutes de préparation
1 heure de cuisson

1 plat à tajine ou une sauteuse (cocotte évasée)

4 cuisses de canard confites
4 gros oignons
40 g de beurre
2 cuillers à café de cannelle en poudre
Sel et poivre
1 cuiller à soupe de fond de volaille déshydraté
3 cuillers à soupe de vinaigre de Xérès
3 cuillers à soupe de miel
300 g de dattes dénoyautées
2 brins de coriandre
1 cuiller à soupe de sésame grillé

Pelez et émincez finement les oignons. Faites fondre le beurre dans une cocotte. Versez les oignons, saupoudrez de cannelle, salez, poivrez et couvrez. Laissez cuire 45 minutes en remuant de temps à autre.

Pendant ce temps, préparez le fond de volaille en diluant la poudre dans 50 centilitres d'eau.

Placez les cuisses de canard dans une poêle et faites dorer 15 minutes à feu doux en vidant peu à peu la graisse rendue. Retirez les cuisses et conservez-les au chaud. Versez le vinaigre dans la poêle, portez à ébullition, ajoutez le miel et laissez caraméliser 1 minute.

Versez le fond, ajoutez les dattes et laissez cuire à petits bouillons jusqu'à ce que la sauce soit sirupeuse.

Dans un plat à tajine, versez la moitié des oignons, posez les cuisses de canard et recouvrez d'oignons. Versez les dattes et la sauce. Laissez cuire 15 minutes à feu assez vif. Servez saupoudré de sésame grillé et de coriandre hachée. Si vous le souhaitez, accompagnez de graine de couscous.

Bourguignon de canard aux petits navets

Le canard se substitue aisément au bœuf pour de nombreuses recettes : carpaccio, tartare, parmentier… et pourquoi pas bourguignon.

Pour 6 personnes
20 minutes de préparation
2 heures 1/4 de cuisson

4 magrets de canard
3 gousses d'ail
1 gros oignon
150 g de gros lardons de poitrine fumée
1 bouteille de vin rouge corsé
Sel et poivre
600 g de petits navets
2 feuilles de laurier

Pelez et hachez l'ail et l'oignon.

Retirez la peau des magrets et coupez la chair en gros cubes. Faites des entailles dans une des peaux et mettez-la à fondre à feu moyen dans une cocotte. Lorsqu'elle s'est bien vidée de sa graisse, retirez-la et faites dorer les cubes de magret dans la graisse bien chaude. Ajoutez les lardons, l'oignon, l'ail et le laurier. Laissez cuire 10 minutes à feu doux puis mouillez avec le vin rouge. Salez, poivrez et laissez mijoter pendant 2 heures à feu doux, sans couvrir, en remuant de temps en temps. Épluchez les navets et jetez-les dans la cocotte à mi-cuisson. Servez sans attendre ou laissez reposer puis réchauffez avant de servir

Cuisses de canard mijotées aux patates douces

Pour 4 personnes
10 minutes de préparation
1 heure de cuisson

4 cuisses de canard
2 oignons
1 gousse d'ail
1 cube de bouillon de volaille
1 cuiller à café de cannelle en poudre
1 cuiller à café de cumin en grains
1 branche de thym
Sel et poivre
2 belles patates douces
1 cuiller à soupe de miel

Dans une cocotte à fond épais, faites dorer les morceaux de canard 10 minutes à feu vif. Pelez et émincez finement les oignons et l'ail. Diluez les cubes de bouillon dans 50 centilitres d'eau bouillante. Dans la cocotte, remplacez les morceaux de canard par l'ail et l'oignon, saupoudrez de cannelle et de cumin puis faites revenir 10 minutes à feu moyen. Ajoutez le thym. Salez et poivrez. Ajoutez le bouillon et le miel puis les morceaux de canard dans la cocotte. Laissez mijoter 40 minutes à couvert, à feu très doux.

Pelez et émincez les patates douces en rondelles de 1 centimètre d'épaisseur. Ajoutez-les dans la cocotte 10 minutes avant la fin de la cuisson et laissez cuire à feu assez vif, sans couvrir. Rectifiez l'assaisonnement et servez bien chaud.

Conseils • Vous pouvez remplacer le miel par 2 cuillers à soupe de raisins secs. N'hésitez pas à utiliser des patates douces en rondelles surgelées (Picard).

Cocotte de canard et pommes de terre au sirop d'érable

Un « kloug » comme j'aime appeler les ragoûts fourre-tout aussi rustiques que savoureux. Ici, les pommes de terre se gorgent de sirop d'érable et les aiguillettes juste poêlées leur apportent une touche de fraîcheur. Avec du confit de canard effeuillé, ce n'est pas mal non plus.

Pour 4 personnes
20 minutes de préparation
25 minutes de cuisson

600 g d'aiguillettes de canard
500 g de pommes de terre (rattes) ou de primeurs
3 cuillers à soupe de sirop d'érable
2 cuillers à soupe d'huile d'olive
2 échalotes
1/2 cuiller à café de cannelle en poudre
1 grosse cuiller à soupe de moutarde en grains
1 cube de bouillon de volaille
2 branches de menthe
Sel et poivre

Pelez et émincez l'échalote. Pelez et coupez les pommes de terre en rondelles épaisses, lavez-les puis coupez-les en rondelles de 1 centimètre de large.

Faites chauffer l'huile dans une sauteuse et faites-y dorer les échalotes et les pommes de terre. Laissez blondir 5 minutes. Saupoudrez de cannelle. Ajoutez le sirop d'érable et la moutarde. Arrosez avec 50 centilitres de bouillon préparé avec 1 cube et laissez mijoter 15 minutes.

Coupez les aiguillettes en gros dés et faites-les sauter 1 minute à feu vif dans une poêle à part. Versez-les dans la sauteuse, ajoutez la menthe ciselée, mélangez et laissez cuire encore 3 à 4 minutes. Rectifiez l'assaisonnement et servez bien chaud.

Pot-au-feu de canard aux herbes

Un classique, ici détourné côté canard par Alain Brigant, ami et chef du restaurant Velly à Paris. Alain est un des rares professionnels à pouvoir vous expliquer une recette sans vous infliger le jargon en vigueur. Je vous livre sa recette telle quelle (une fois n'est pas coutume), car elle est quasi infaillible. Prévoyez d'en faire le plat unique de votre repas (avec un petit camembert-salade par exemple).

Pour 6 personnes
30 minutes de préparation
1 heure 25 de cuisson
2 heures de repos

Une grande cocotte

1 canard gras coupé en morceaux (Barbarie ou Mulard)
200 g de foie gras cru dénervé
3 cuillers à soupe de fond de volaille déshydraté
2 oignons
2 navets
3 poireaux fins
1 chou vert frisé
2 clous de girofle
Thym, laurier
Gros sel et fleur de sel
8 grains de poivre noir
Poivre mignonnette
1 carotte
500 g de pommes de terre charlotte

Dans une grande cocotte, diluez le fond de volaille dans 1 litre 1/2 d'eau frémissante. Laissez refroidir.
Pendant ce temps, pelez et émincez les oignons. Pelez les navets, la carotte et les pommes de terre. Lavez les poireaux et le chou. Retirez les feuilles extérieures les plus dures. Coupez le chou en quatre.
Faites dorer les morceaux de canard dans une poêle puis déposez-les dans le fond de volaille. Ajoutez les oignons dans la cocotte ainsi que les clous de girofle, le thym, le laurier, les grains de poivre et 1 cuiller à soupe de gros sel. Couvrez et laissez frémir 1 heure.

Ajoutez les légumes dans la cocotte et versez de l'eau si nécessaire afin que le niveau soit à effleurement. Laissez cuire 25 minutes. Placez le foie gras au congélateur pour le durcir.

Laissez refroidir le pot-au-feu et placez la cocotte au frais au moins 1 heure. Dégraissez en retirant la couche de gras figée à la surface avant de faire réchauffer à feu doux.

Servez le canard avec les légumes et le bouillon dans des assiettes creuses. Agrémentez de copeaux de foie cru. Saupoudrez de poivre mignonnette et de fleur de sel.

Conseil • Peut être accompagné d'une vinaigrette de vin.

Daube de canard mijoté à la provençale

Pour 6 personnes
15 minutes de préparation
12 heures de marinade
2 heures de cuisson

4 magrets ou filets de canard
300 g de lard fumé
2 gousses d'ail
2 oignons
1/2 orange non traitée
Sel et poivre
1 bouteille de vin blanc sec de Provence
1 bouquet garni
300 g de champignons de Paris
150 g d'olives vertes dénoyautées
3 clous de girofle
2 cuillers à soupe d'huile d'olive

Retirez la peau des magrets et coupez la chair en 6 ou 8 gros morceaux. Coupez le lard en gros dés. Pelez et émincez grossièrement l'ail et l'oignon. Prélevez le zeste de la demi-orange à l'aide d'un économe. Dans une cocotte à fond épais, placez la viande et tous ces ingrédients. Salez, poivrez et versez le vin. Ajoutez le bouquet garni, les clous de girofle et le lard. Couvrez et laissez mariner 12 heures au moins.

Le lendemain, placez la cocotte sur le feu, couvrez, portez à ébullition et laissez mijoter à feu doux pendant 1 heure 1/2.

Nettoyez les champignons et coupez-les en grosses lamelles. Faites-les sauter avec de l'huile d'olive.

Incorporez les champignons et les olives dans la cocotte 15 minutes avant la fin de la cuisson.

Retirez les herbes. Il doit rester un fond de sauce. Servez bien chaud avec de la purée de pommes de terre et de céleri ou des pâtes fraîches.

Conseil • Attention à ne pas entraîner la peau blanche amère située sous l'écorce d'orange.

Canard mariné au yaourt

Merci à mon ami Bob qui a retrouvé cette recette dans les cahiers de cuisine de sa maman, une des cuisinières libanaises les plus inventives et les plus consciencieuses.

Pour 4 personnes
5 minutes de préparation
4 heures de marinade (une nuit si possible)
1 heure 10 de cuisson

1 canette de Barbarie
25 cl de yaourt au lait entier, soit 2 pots
1 citron non traité
1 cuiller à café de coriandre en poudre
1/2 cuiller à café de gingembre frais râpé
1 branche de céleri
30 g de beurre
1 cuiller à soupe d'huile de tournesol
Sel et poivre
150 g d'olives vertes dénoyautées
100 g d'amandes effilées
1/2 bouquet de coriandre

Lavez et séchez le canard. Dans un grand plat, mélangez le yaourt, le zeste du citron râpé, la coriandre et le gingembre. Déposez le canard dans le plat et massez-le avec la préparation. Laissez-le reposer au frais au moins 4 heures, une nuit si possible.

Essuyez le canard. Lavez et émincez le céleri.

Dans une sauteuse, faites chauffer le beurre et l'huile. Déposez le canard et faites-le dorer à feu doux sur toutes ses faces. Ajoutez 1 verre d'eau et le jus du citron. Placez la poitrine du canard vers le fond de la casserole, ajoutez le céleri, salez, poivrez et laissez cuire 50 minutes à feu doux, à couvert.

Ajoutez les olives, retournez le canard, retirez le couvercle et laissez réduire encore 20 minutes.

Faites dorer les amandes à la poêle ou au four. Servez le canard découpé, arrosé de sa sauce et recouvert d'un mélange de coriandre hachée et d'amandes grillées.

Conseil • Cette recette s'accommode très bien des canards un peu âgés car le yaourt attendrit les chairs.

Soupe de canard et morilles en coque de pommes de terre

Pour 4 personnes
15 minutes de préparation
2 heures de repos
3 heures 30 de cuisson

1 cuisse de canard + os et abattis
20 g de morilles séchées
15 cl de lait entier
1 cube de bouillon de volaille
1 gousse d'ail
4 très grosses pommes de terre bintje
Persil ou cerfeuil haché
Quelques gouttes d'huile de truffe
Sel et poivre
1 gousse d'ail

Lavez les morilles dans 3 bols d'eau froide puis immergez-les dans un mélange de lait et d'eau. Laissez reposer au moins 2 heures.

Pour préparer le bouillon, faites dorer la volaille à sec dans une grande poêle. Versez 75 centilitres d'eau, salez, poivrez, ajoutez le cube et laissez cuire 2 heures à couvert, à petit feu. Ajoutez la gousse d'ail 10 minutes avant la fin de la cuisson.

Pendant ce temps, préchauffez le four au maximum. Lavez et séchez les pommes de terre. Placez-les sur la lèchefrite couverte d'une feuille d'aluminium. Laissez cuire 1 heure 30 en les retournant à mi-cuisson.

Retirez la peau de la volaille et effeuillez les chairs. Salez, poivrez et mélangez avec les herbes fraîches hachées. Faites griller cette viande à feu doux à la poêle jusqu'à ce qu'elle soit presque croustillante.

Retirez les pommes de terre et laissez-les tiédir. Posez-les à plat et retirez leur chapeau en les taillant aux deux tiers. Creusez-les à la petite cuiller en laissant une fine couche de chair contre la peau. Remettez ces coques au four.

Mixez deux tiers de la chair des pommes de terre cuites avec le bouillon et reversez dans la casserole. Ajoutez les morilles et leur eau en laissant le sable dans le fond du bol. Réchauffez à feu doux. Versez dans les coques, ajoutez l'huile de truffe et parsemez de chair de canard croustillante. Servez bien chaud.

Foie gras en escabèche

Pour 6 personnes
10 minutes de préparation
30 minutes de cuisson

1 foie gras cru dénervé de 600 à 700 g
1 botte d'oignons verts
1 gousse d'ail
15 g de beurre
3 cuillers à soupe de sucre en poudre
8 cl de vinaigre de cidre
50 cl de bouillon de canard, de volaille
ou de légumes, maison ou préparé avec 2 cubes
2 petites carottes
1 feuille de laurier
1 brin de thym
Sel et poivre

Lavez et épluchez les oignons. Émincez-les finement ainsi que la moitié des tiges vertes. Émincez ou pressez l'ail. Faites fondre le tout 5 minutes dans le beurre chaud. Lavez et grattez les carottes puis coupez-les en quatre dans la longueur.

Dans une casserole à la dimension du foie, versez le sucre et faites-le cuire à feu doux jusqu'à obtention d'un caramel blond. Ajoutez le vinaigre, portez à ébullition puis versez le bouillon, les carottes, le laurier, le thym et le poivre. Salez peu car le bouillon est déjà salé. Plongez le foie dans le liquide chaud mais surtout pas bouillant. Laissez cuire 20 minutes à feu très doux.

Égouttez le foie et réservez au chaud.

Faites réduire la sauce à feu vif jusqu'à ce qu'elle devienne sirupeuse. Retirez du feu.

Pendant ce temps, tranchez le foie en 8 escalopes, égouttez-les et déposez-les dans un plat. Couvrez de sauce et servez sans attendre.

Conseil • Laissez reposer la sauce 5 minutes hors du feu pour éviter de la verser bouillante sur le foie.

Pour apporter un petit goût acidulé, ajoutez 2 cuillers à soupe de jus d'orange.

Canard au four

Cuisses de canard en cocotte lutée

Pour 4 personnes
15 minutes de préparation
25 minutes de cuisson

4 cuisses de canard confites
1 cuiller à café de sucre en poudre
1 kg de jeunes légumes choisis selon votre goût (carottes-fanes taillées en quatre, pois mange-tout, courgettes, navets)
4 gousses d'ail
1 cuiller à café de fond de volaille
150 g de farine

Posez 4 cuisses de canard confites sur la grille du four, saupoudrez-les d'1 cuiller à café de sucre en poudre et faites-les dorer 2 minutes sous le gril.

Lavez et pelez les légumes, coupez les plus gros légumes en deux ou en quatre. Plongez tous les légumes et les gousses d'ail non pelées dans une grande casserole d'eau bouillante salée puis laissez cuire 3 minutes dès la reprise de l'ébullition. Égouttez et passez sous l'eau fraîche.

Prélevez 1/2 verre d'eau de cuisson des légumes pour y diluer le fond de volaille (ou de l'eau tiède). Placez les légumes et les gousses d'ail dans une cocotte. Ajoutez le fond de volaille, posez les cuisses de canard dessus et couvrez. Mélangez 150 grammes de farine et un peu d'eau pour obtenir une pâte épaisse. Collez cette pâte à la jointure du couvercle et de la cocotte. Faites cuire 15 minutes à 200 °C (thermostat 7-8). Servez bien chaud.

Conseil • **Les dimanches soir ou en dépannage, utilisez une jardinière de légumes surgelés.**

VITAM

Canette en croûte de sel

Pour 4 personnes
10 minutes de préparation
1 heure 30 de cuisson

1 canette de Barbarie prête à cuire
1,5 kg de gros sel
3 brins de romarin frais
1 kg de farine
4 blancs d'œufs
Poivre du moulin

Mélangez ensemble le sel, la farine et les blancs d'œufs puis ajoutez de l'eau jusqu'à ce que la pâte soit souple et homogène. Étalez-la sur le plan de travail. Préchauffez le four à 200 °C (thermostat 6-7). Poivrez l'intérieur de la canette et farcissez-la avec les branches de romarin.

Posez la canette sur la pâte au gros sel et enfermez-la hermétiquement en la recouvrant de pâte. Scellez bien les bords. Posez la canette sur une plaque et faites cuire 1 heure 30.

Sortez ensuite du four et laissez reposer 20 minutes avant de « casser la croûte » et de découper la bête.

Canard de 5 heures

Pour 6 personnes
10 minutes de préparation
5 heures de cuisson
15 minutes de repos

1 canard de Barbarie prêt à cuire de 2,5 kg environ
6 gousses d'ail
2 branches de thym

Préchauffez le four à 150 °C (thermostat 5).

Rincez et séchez le canard. Salez et poivrez-le à l'intérieur, ajoutez les gousses d'ail non pelées et le thym. Pratiquez des entailles un peu partout dans la peau du canard sans entamer la chair. Placez-le, poitrine vers le haut, dans un plat allant au four et enfournez.

Laissez cuire 4 heures en vidant régulièrement la graisse du plat et en retournant le canard toutes les heures. Augmentez la température du four à 180 °C (thermostat 6), salez et poivrez la peau du canard puis laissez cuire encore 1 heure jusqu'à ce qu'elle soit bien croustillante.

Retirez du four et laissez reposer 15 minutes avant de découper.

Conseil • Accompagnez de pommes poêlées au beurre ou d'une confiture d'oignons aux pommes (voir recette p 176) et d'une tombée de chou rouge.

JAZ

Manchons de canard au miel et au sésame

Pour 4 personnes
15 minutes de préparation
3 heures de marinade (24 heures si possible)
25 minutes de cuisson

12 manchons de canard
6 cuillers à soupe de miel liquide
3 cuillers à soupe de graines de sésame
3 cuillers à soupe de sauce de soja
1/2 cuiller à café de piment en poudre
2 oignons frais
1 courgette
1 ou 2 doses de safran, selon le goût et les moyens
450 g de riz basmati
3 cuillers à soupe d'huile d'olive
Sel et poivre

Dans un plat allant au four, mélangez le miel, le sésame, la sauce de soja et le piment. Ajoutez les manchons de canard et mélangez intimement. Couvrez et laissez mariner dans un endroit frais au moins 3 heures, 24 heures si possible.

Préchauffez le four à 200 °C (thermostat 6-7).

Hachez les oignons et un peu de leur vert. Lavez et séchez la courgette. Coupez-la en deux et grattez les graines. Coupez-la en petits dés.

Enfournez les manchons et laissez cuire 20 minutes en les retournant deux ou trois fois dans leur sauce.

Faites fondre les oignons dans 2 cuillers à soupe d'huile chaude, à feu moyen. Incorporez le safran et le riz puis remuez pendant 1 minute.

Faites sauter la courgette 10 minutes à feu assez vif avec le reste d'huile d'olive dans une grande poêle. Ajoutez-la à la poêlée de riz, puis versez 75 centilitres d'eau, salez et portez à ébullition. Laissez cuire sans couvrir jusqu'à ce que l'eau soit presque complètement absorbée.

Conseil • Incorporez de la coriandre hachée dans le riz avant de servir.

Idée • Vous pouvez remplacer le safran par 1 cuiller à soupe de paprika.

Soufflés au foie gras

Il y a déjà les sablés, la crème brûlée… Pourquoi pas le soufflé au foie gras ? Une texture à la fois onctueuse et légère obtenue grâce à une cuisson douce et progressive.

Pour 6 personnes
20 minutes de préparation
1 heure à 1 heure 10 de cuisson

150 g de foie gras cru dénervé
50 cl de crème fraîche épaisse
3 jaunes d'œufs + 3 œufs entiers
1/2 cuiller à café de sel
1/4 de cuiller à café de poivre fraîchement moulu
1 cuiller à café d'huile de truffe (facultatif)

Préchauffez le four à 160 °C (thermostat 5-6). Mixez le foie gras coupé en morceaux et la crème jusqu'à ce que la préparation soit complètement lisse. Ajoutez les jaunes d'œufs, le sel, le poivre et l'huile de truffe, si vous choisissez de l'utiliser. Fouettez les blancs en neige et incorporez-les à la préparation. Mélangez délicatement.

Beurrez 6 petits ramequins à bords hauts de 20 centilitres environ et répartissez la préparation. Posez les moules dans un grand plat à gratin puis versez de l'eau tiède au fond du plat jusqu'aux trois quarts des moules. Enfournez au bain-marie et laissez cuire 1 heure à 1 heure 10.

Servez chaud, accompagné de pain de campagne grillé et beurré, éventuellement garni de lamelles de truffes.

Parmentier au foie gras et aux patates douces

Pour 8 à 10 personnes
25 minutes de préparation
2 heures 35 de cuisson

200 g de foie gras mi-cuit conservé dans sa graisse
1,2 kg de filet ou d'aiguillettes de canard
1 gros oignon rouge
2 gousses d'ail
20 cl de vin blanc sec
2 cubes de bouillon de volaille
1/2 orange non traitée
5 gousses de cardamome
1 bâton de cannelle
1 cuiller à café de poivre vert
2 kg de patates douces
40 cl de lait demi-écrémé
70 g de parmesan râpé
25 g de chapelure maison
50 g de beurre demi-sel
Sel

Pelez et émincez l'oignon et les gousses d'ail. Sortez le foie gras de son contenant et retirez toute la graisse périphérique. Remettez le foie au frais. Placez 3 bonnes cuillers à soupe de cette graisse dans une sauteuse et faites-y fondre l'ail et l'oignon. Ajoutez les aiguillettes, remuez bien, versez le vin puis ajoutez 50 centilitres de bouillon chaud, maison ou préparé avec un cube. Lavez l'orange et prélevez le zeste avec un économe. Ouvrez les gousses de cardamome et versez les petits grains noirs dans le bouillon. Ajoutez la cannelle, le poivre vert, les zestes d'orange et salez légèrement. Couvrez à moitié et laissez cuire 2 heures en remuant fréquemment.

Pendant ce temps, pelez les patates douces et retirez les taches ou les « yeux » éventuels. Portez à ébullition une grande casserole d'eau salée additionnée d'un autre cube de bouillon. Coupez les patates en gros cubes égaux et plongez-les dans l'eau. Laissez cuire 20 minutes. Assurez-vous de la cuisson avec la pointe d'un couteau. Elles doivent être bien tendres sans se déliter. Égouttez les patates et écrasez-les en purée. Ajoutez le lait chaud, 20 grammes de parmesan puis le beurre. Salez et poivrez bien.

Préchauffez le four à 210 °C (thermostat 7).

Quand la viande est cuite, égouttez-la. Émiettez-la ou hachez-la puis remettez ce hachis dans la sauce. Retirez la cannelle. Mélangez bien et rectifiez l'assaisonnement.

Dans un grand plat, étalez la viande et parsemez-la de dés de foie gras. Couvrez-la de purée et saupoudrez du reste de parmesan mêlé à la chapelure. Déposez quelques noisettes de beurre ou de graisse de foie gras puis faites réchauffer 15 minutes en haut du four.

Conseil • Plongez les patates douces dans une bassine d'eau au fur et à mesure de leur épluchage pour éviter qu'elles ne noircissent.

Parmentier de confit de canard

Pour 6 personnes
15 minutes de préparation
40 minutes de cuisson

4 cuisses de confit de canard
1,5 kg de pommes de terre, bintje de préférence
3 gousses d'ail
3 brins de persil
Sel et poivre du moulin
25 cl de lait
110 g de beurre
180 g de gruyère râpé
70 g de chapelure

Portez à ébullition une grande quantité d'eau salée. Pelez les pommes de terre puis coupez-les en morceaux. Faites cuire 25 minutes.

Préchauffez le four à 210 °C (thermostat 7).

Pendant ce temps, préparez la purée d'ail : plongez les gousses en chemise 3 x 1 minute dans l'eau bouillante en renouvelant l'eau à chaque fois. Retirez la peau puis écrasez l'ail à la fourchette.

Placez les cuisses de canard dans un plat au four pour faire fondre la graisse autour des cuisses. Retirez ensuite la peau et effeuillez les chairs. Lavez et ciselez le persil, incorporez l'ail et un peu de la graisse des cuisses de canard. Poivrez et mélangez.

Vérifiez la cuisson des pommes de terre avec la pointe d'un couteau. Il doit s'y enfoncer sans résistance. Égouttez-les et écrasez-les à la fourchette ou au presse-purée. À feu très doux, ajoutez le lait chaud en mélangeant 60 grammes de beurre et 100 grammes de gruyère râpé. Poivrez et salez si nécessaire.

Étalez la moitié de la purée dans le fond du moule. Couvrez de la farce au canard et terminez par le reste de purée. Parsemez avec le fromage râpé restant, déposez 50 grammes de beurre en morceaux et couvrez de chapelure. Faites chauffer au four 15 minutes. À la fin de la cuisson, passez le hachis 3 minutes sous le gril pour faire dorer la croûte.

Conseil • Vous pouvez agrémenter ce parmentier de lamelles de truffes ou de cèpes sautés à la graisse de canard.

Parmentier léger de canard au céleri

Pour 6 personnes
10 minutes de préparation
1 heure de cuisson

3 magrets de canard
300 g de céleri-rave
1 kg de pommes de terre bintje
2 gousses d'ail
1/2 bouquet de cerfeuil
Noix de muscade
Sel et poivre

Pelez le céleri et les pommes de terre. Coupez-les en morceaux égaux. Placez le tout dans une casserole, couvrez d'eau froide salée et laissez cuire 30 minutes dès l'ébullition. Ajoutez l'ail pelé 5 minutes avant la fin de la cuisson. Égouttez en conservant le liquide de cuisson.

Poêlez les magrets 3 minutes de chaque côté à feu vif. Retirez la peau. Réservez le gras de la poêle. Hachez la chair avec l'ail cuit et le cerfeuil ciselé. Salez et poivrez. Préchauffez le four à 210 °C (thermostat 7).

Écrasez les légumes au presse-purée, ajoutez 2 cuillers à soupe de graisse de canard et incorporez le liquide de cuisson jusqu'à obtenir la consistance d'une purée pas trop épaisse. Salez, poivrez et muscadez.

Étalez la viande dans un grand plat, couvrez de purée et passez au four 30 minutes environ. Servez bien chaud avec une salade verte.

Parmentier de confit au vert

Pour 6 personnes
15 minutes de préparation
45 minutes de cuisson

4 cuisses de canard confites
1,5 kg de poireaux
2 pincées de muscade
10 cl de lait
50 g de beurre + 20 g pour faire gratiner
60 g de parmesan
1 cuiller à soupe de chapelure
5 brins de persil
Sel et poivre

Nettoyez les poireaux. Portez à ébullition une casserole d'eau salée. Faites cuire les poireaux pendant 10 à 15 minutes.

Pendant ce temps, égouttez les cuisses de canard et faites fondre le reste de graisse autour des cuisses à feu moyen dans une cocotte. Retirez ensuite la peau et détachez les chairs. Incorporez le persil haché, poivrez et réservez.

Égouttez les poireaux et pressez-les bien à fond. Coupez-les en rondelles et mixez-les avec un peu d'eau de cuisson, ajoutez la muscade, puis incorporez doucement le lait puis le beurre. Rectifiez l'assaisonnement.

Tapissez le fond du plat d'une couche de purée, étalez le canard, recouvrez de purée, saupoudrez de la moitié du parmesan, étalez un peu de beurre en noisettes et enfournez pour 20 minutes à 180 °C (thermostat 6).

Augmentez ensuite à 240 °C (thermostat 8), saupoudrez du reste de parmesan et de chapelure et prolongez la cuisson de 10 minutes.

Le canard aux pêches d'Irène

Cuisine et littérature ont toujours entretenu d'intimes relations. Alexandre Dumas, Chateaubriand ou Colette ont laissé d'émouvantes recettes qui font aujourd'hui partie de notre répertoire gastronomique traditionnel. Celle-ci m'a été confiée par Irène Frain : « Le charme de cette recette tient à l'équilibre entre les saveurs d'ail, de poivre, de jus de canette, de sucre et d'alcool de pêche. On ne trouvera pas forcément le dosage parfait dès la première tentative. C'est une question de *feeling*. Moi, j'ai dû effectuer une dizaine de tentatives avant de trouver l'équilibre. » Je n'étais pas sans ignorer qu'elle avait de sérieux penchants cacaophiles, mais je ne soupçonnais pas une telle pugnacité en matière d'alchimie des saveurs. Merci Irène !

Pour 6 personnes
10 minutes de préparation
1 heure 20 de cuisson

1 belle canette d'environ 2 kg
8 à 10 pêches blanches
6 gousses d'ail
Gros sel et sel de Guérande
1 cuiller à soupe de poivre mignonnette
30 cl d'alcool de pêche ou rinquinquin

Préchauffez le four à température maximale. Pochez les pêches en les plongeant 1 minute dans l'eau bouillante puis épluchez-les avec soin. Coupez-les en deux et retirez le noyau. Pelez, ouvrez les gousses d'ail en deux et retirez le germe.

Placez la canette dans un plat à four huilé, enfournez et faites dorer 20 minutes en la retournant deux ou trois fois. Videz la graisse du plat et remplissez l'intérieur de la canette d'ail. Ajoutez 1 cuiller à café de sel et 1 cuiller à café de poivre mignonnette. Arrosez la peau de la canette avec 1/3 de l'alcool de pêche et remettez au four. Baissez la température à 180 °C (thermostat 6) et laissez cuire 1 heure environ en l'arrosant régulièrement avec le reste d'alcool de pêche et en versant 2 ou 3 verres d'eau dans le plat pour déglacer les sucs et liquéfier la sauce.

Dans cette sauce, jetez les gousses d'ail restantes. Salez et poivrez après 30 minutes de cuisson.

Dix minutes avant la fin de la cuisson, placez vos demi-pêches autour de la canette, salez et poivrez légèrement. Découpez la canette et servez avec les pêches et la sauce.

Le conseil d'Irène • « Pour le rôtissage, il suffit de rester dans la cuisine et de retourner la canette à la main. Entre deux manipulations, il est possible de s'occuper d'autre chose mais je déconseille de s'éloigner. L'odeur fait office de pilote automatique pour éviter que la peau ne brûle - si tu laisses brûler, tu rateras le laquage de la bête… »

Notes • Le mot « Rinquinquin » existe bel et bien. Je ne l'ai pas inventé. Normalement, ce canard est à tomber. On vous en redemandera. Voilà l'occasion de vous perfectionner.

Canard rôti au citron

Pour 6 personnes
10 minutes de préparation
1 heure de cuisson
10 minutes de repos

2 canettes de 1,6 kg environ
4 cuillers à soupe de sauce de soja
3 citrons jaunes + 2 cuillers à soupe de jus
3 tomates
4 cuillers à soupe de sucre
2 cuillers à soupe de Maïzena
Sel et poivre

Préchauffez le four à 220 °C (thermostat 7-8). Lavez et séchez les canettes. Salez et poivrez-les à l'intérieur et à l'extérieur. Arrosez-les avec la sauce de soja. Posez-les dans un plat en Pyrex. Pelez les citrons à vif et détachez les quartiers et réservez-les au frais. Faites rôtir les canettes avec les peaux de citron 1 heure environ en les retournant deux ou trois fois. Retirez du plat de cuisson et laissez reposer sous une feuille de papier d'aluminium.

Lavez et taillez les tomates en rondelles. Quand le canard est cuit, videz la graisse de cuisson du plat, déglacez avec 30 centilitres d'eau, ajoutez le sucre, 2 cuillers à soupe de jus de citron, la Maïzena, du sel et du poivre. Mélangez et laissez réduire à feu vif.

Découpez les canettes et arrosez les morceaux de sauce. Servez accompagné de quartiers de citron et de rondelles de tomate.

Brochettes de magrets aux pruneaux

Pour 4 personnes
5 minutes de préparation
10 minutes de cuisson

2 magrets de canard
400 g de pruneaux d'Agen dénoyautés
1 verre de vin blanc
1 verre à liqueur d'armagnac
1 cuiller à soupe de miel liquide
1 cuiller à soupe de poivre et baies
1 cuiller à soupe d'huile de tournesol

Placez les pruneaux dans une casserole, couvrez avec le vin blanc, l'armagnac, le miel et un peu d'eau. Laissez cuire 5 minutes à petits bouillons. Allumez le four en position gril.

Coupez les magrets en deux dans la longueur puis découpez-les en gros cubes et ôtez un peu de gras.

Égouttez les pruneaux, ajoutez les baies dans la casserole et laissez réduire jusqu'à 1/2 verre.

Alternez cubes de canard et pruneaux sur des brochettes. Salez, poivrez et badigeonnez avec un peu d'huile. Laissez griller 5 minutes en retournant en cours de cuisson. Servez avec la sauce au poivre et aux baies.

Canard rôti aux olives

Pour 4 personnes
20 minutes de préparation
1 heure 20 de cuisson

1 canard de 2,5 kg
2 carottes
1 oignon
Sel et poivre
Huile d'olive
60 g de beurre

Pour la sauce :
3 cuillers à soupe d'huile d'olive
500 g d'oignons
400 g de champignons
2 kg de tomates
1 cuiller à soupe d'herbes de Provence
2 gousses d'ail
100 g d'olives noires de Nyons dénoyautées
150 g d'olives vertes dénoyautées
1 1/4 litre de bouillon de volaille, maison si possible
1 citron

Préchauffez le four à 210 °C (thermostat 7). Huilez, salez et poivrez le canard. Émincez les carottes et l'oignon. Posez le canard dans le plat et entourez-le des légumes émincés. Enfournez, faites cuire 30 minutes en arrosant d'un peu d'eau chaude toutes les 5 ou 10 minutes.

Pendant ce temps, préparez la sauce. Ébouillantez les tomates, pelez-les, épépinez-les et concassez-les. Émincez les oignons. Lavez, séchez et émincez les champignons. Faites chauffer l'huile d'olive dans une cocotte, ajoutez les oignons, les champignons, les tomates, les herbes, l'ail, le bouquet garni et les olives. Salez et poivrez. Versez le bouillon de volaille et ajoutez le citron émincé. Couvrez et laissez cuire à feu doux plus ou moins 1 heure.

Retournez le canard, baissez le four à 165 °C (thermostat 6-7) et laissez cuire 45 minutes en arrosant fréquemment.

Lorsqu'il est cuit, pressez-le au-dessus du plat pour en faire sortir tout le jus, puis enveloppez-le dans du papier d'aluminium. Laissez-le reposer.

Placez le plat de cuisson du canard sur feu moyen, ajoutez un peu d'eau pour déglacer les sucs de cuisson . Laissez bouillir 5 minutes. Laissez refroidir. Pendant ce temps, découpez le canard.

Présentez le canard sur un lit de sauce aux olives. Servez avec les légumes de cuisson.

Conseil • Pour savoir si le canard est cuit, piquez-le avec la pointe d'un couteau et assurez-vous que le jus qui s'écoule est transparent.

Canard laqué aux 2 figues

Pour 8 personnes
20 minutes de préparation
1 heure 45 de cuisson

2 canettes de Barbarie de 1,5 à 2 kg
500 g de figues fraîches
150 g de figues sèches
2 petits pains au lait
20 cl de lait
1/2 cuiller à café de cinq-épices
2 gros oignons rouges
4 gousses d'ail
6 cuillers à soupe de sauce de soja
6 cuillers à soupe de Xérès sec ou fino
125 g de miel
Sel et poivre du moulin

Préchauffez le four à 160 °C (thermostat 5-6).

Hachez 2 gousses d'ail et les oignons sans réduire en purée, ajoutez les figues sèches coupées en dés, le pain trempé dans le lait et émietté, 2 cuillers à soupe de sauce de soja, 2 cuillers à soupe de Xérès, 1/4 de cuiller à café de sel et 2 pincées de poivre. Mélangez bien.

Farcissez les canettes avec cette préparation et posez-les dans un grand plat allant au four.

Dans un grand bol, mélangez 4 cuillers à soupe de sauce soja, le miel, 4 cuillers à soupe de xérès, 2 gousses d'ail pressées et le mélange cinq-épices. Arrosez les canettes avec ce mélange et massez bien.

Laissez sécher 10 minutes, versez un verre d'eau dans le plat et enfournez. Laissez cuire 1 heure 3/4. Retournez une ou deux fois, ajoutez régulièrement de l'eau au fond du plat et arrosez toutes les 20 minutes.

Lavez les figues fraîches et coupez-les en quatre. Disposez-les dans le fond du plat 15 minutes avant la fin de la cuisson.

Sortez les canettes et découpez-les : retirez les cuisses puis coupez les magrets en suivant la carcasse. Déposez le tout sur le plat de service.

Versez le liquide recueilli au fond du plat dans une saucière et retirez le maximum de gras avec une cuiller. Présentez le canard avec les figues et la sauce à part. Vous pouvez accompagner les canettes de quelques marrons ou de petites pommes grenailles rôties.

Conseil • Utilisez toujours une sauce soja japonaise (kikoman ou autre), moins salée et plus parfumée que la sauce chinoise.

• Pour dégraisser et affiner la peau, pochez les canettes avant de les laquer. Préparez un bouillon de volaille en diluant 4 cubes dans 2 litres d'eau. Plongez les canettes dans le bouillon encore bouillant et laissez cuire 3 minutes après la reprise de l'ébullition. Égouttez et laissez sécher avant de les enduire de sauce.

Peking duck

Bien entendu, il ne s'agit pas du vrai laqué tel qu'on le trouve à Pékin ou à Hongkong. N'ayez pas de regrets : ce dernier est issu d'une race autochtone de canards mi-gras que l'on ne trouve pas chez nous et qui subit un traitement extrêmement sophistiqué. Ces canards laqués, ébouillantés et enduits de sirop, sont soufflés (on injecte de l'air sous leur peau pour les affiner au maximum) puis séchés en suspension pendant 24 heures. Si vous avez une pompe à vélo à portée de la main, rien ne vous empêche de tenter l'opération. À moins que vous ne préfériez ma version simplifiée, qui ne déshonore pas trop l'originale.

Pour 4 personnes
20 minutes de préparation
5 heures de séchage
1 heure 45 de cuisson

1 canette mulard ou de Barbarie prête à cuire de 1,6 kg environ
2 litres de bouillon de poule maison ou réalisé avec 4 cubes
2 citrons jaunes
2 cuillers à soupe de sauce de soja
4 cuillers à soupe de sucre roux
15 cl de vin de riz ou de Xérès sec
1 vingtaine de crêpes mandarin (épicerie orientale)
1 petit concombre
1 botte de petits oignons verts
150 g de sauce hoisin (épicerie orientale)
1 cuiller à soupe d'huile d'arachide

Accompagnement facultatif :
600 g de légumes divers (pois mange-tout, épinards, champignons noirs, carottes, pousses de soja, petits pois)
2 gousses d'ail
1/2 bouquet de coriandre

Plongez la canette dans une casserole de bouillon de poule porté à ébullition. Laissez cuire 2 minutes dès la reprise de l'ébullition. Égouttez et séchez-la avec du papier absorbant.

Lavez et détaillez les citrons en rondelles de 5 millimètres d'épaisseur avec l'écorce. Conservez 1 verre de bouillon, versez-le dans une petite casserole, ajoutez la sauce de soja, les rondelles de citron, 3 cuillers à soupe de sucre et 15 centilitres de vin de riz. Portez à ébullition pendant 30 minutes jusqu'à obtention d'un sirop pas trop épais. Tenez la canette avec une pince ou du bout du pilon et arrosez-la de sirop avec une louche à plusieurs reprises, idéalement pendant 5 minutes. Déposez-la sur une grille et laissez sécher au moins 5 heures dans un endroit frais et ventilé. Conservez le sirop.

Préchauffez le four à 240 °C (thermostat 8). Posez la canette sur une grille. Placez un plat rempli d'eau en dessous pour éviter que les graisses ne brûlent. Laissez dorer 15 minutes, baissez la température à 180 °C (thermostat 6) et laissez rôtir encore 1 heure en retournant à mi-cuisson.

Pendant ce temps, faites tiédir les crêpes au micro-ondes ou dans le panier d'un cuit-vapeur. Coupez le concombre en petits dés et les oignons en petits bâtonnets. Émincez les bulbes d'oignons.

Retirez la canette au four et laissez-la reposer 10 minutes. Découpez la chair et la peau en lamelles assez épaisses. Déposez des lamelles sur les crêpes, ajoutez des bâtonnets d'oignons, des dés de concombre et un peu de sauce hoisin. Roulez les crêpes et dégustez.

Après avoir dégusté la peau, découpez le reste de chair en lamelles et servez-les dans les crêpes ou tel quel, accompagnées de quelques gouttes de sirop de cuisson et de légumes sautés à l'ail et à la coriandre.

Conseil • Si vous possédez un ventilateur, placez-le devant le canard pour accélérer le séchage.

Foie gras cuit sous la cendre

Un délice primaire qui ne demande aucun savoir-faire mais appelle un bon nombre de précautions : du papier d'aluminium de première qualité, des braises bien chaudes mais pas embrasées et un foie de qualité supérieure, qui supportera une forte source de chaleur sans lâcher trop de gras.

Pour 4 personnes
3 heures de marinade
15 minutes de préparation
40 minutes de cuisson

1 foie gras cru dénervé de 500 g
100 g de lard fumé en 4 tranches
5 cl de cognac
5 cl de porto
Sel et poivre blanc

Salez et poivrez le foie, arrosez-le de cognac et de porto et laissez mariner 3 heures au frais, à couvert.

Préparez un feu ou un barbecue jusqu'à ce qu'il n'y ait plus que des braises.

Enveloppez le foie égoutté dans les tranches de lard fumé et entourez-le de plusieurs feuilles de papier d'aluminium.

Placez-le sous les cendres et laissez cuire 40 minutes. Surveillez régulièrement. Pour servir, découpez le dessus de la papillote et servez tel quel.

Papillote au lait de coco

Pour 6 personnes
10 minutes de préparation
20 minutes de cuisson

1 foie gras cru dénervé de 500 g
2 mangues vertes
1 morceau de racine de gingembre
20 cl de lait de coco
Sel et poivre

Préchauffez le four à 170 °C (th. 5-6). Dénervez le foie, salez, poivrez-le à l'intérieur et à l'extérieur des lobes. Déposez-le au milieu de 2 grandes feuilles de papier d'aluminium. Émincez le gingembre dans la papillote. Retroussez les bords, versez le lait de coco sur le foie et fermez la papillote sans trop serrer pour laisser la vapeur se développer.

Enfournez et laissez cuire 15 minutes.

Pendant ce temps, pelez les mangues et coupez-les en larges tranches en les découpant autour du noyau.

Chauffez une poêle à feu vif. Sortez la papillote, déposez délicatement le foie sur une assiette creuse. Filtrez le jus de coco. Arrosez le foie avec un peu de ce jus de cuisson, versez le reste de cette sauce dans la poêle, faites pocher les tranches de mangues 2 minutes de chaque côté et déposez-les autour du foie.

Accommoder le canard

Confiture d'oignons aux pommes

Les confitures d'oignons industrielles sont souvent trop sucrées. Essayez celle-ci qui ne doit sa rondeur qu'à celle des pommes.

Pour 4 personnes
20 minutes de préparation
1 heure de cuisson

5 gros oignons rouges
1 belle pomme rouge
2 clous de girofle
50 g de beurre
1 cuiller à soupe de vinaigre de cidre
1 cuiller à soupe de porto
1 cube de bouillon
Sel et poivre

Pelez les oignons et émincez-les. Pelez et râpez la pomme. Concassez les clous de girofle.

Faites chauffer le beurre dans une casserole, ajoutez les clous de girofle concassés, l'oignon, la pomme, le vinaigre, le porto, 25 centilitres d'eau et le cube de bouillon. Poivrez légèrement et portez à ébullition.

Laissez cuire 1 heure à feu doux, sans couvrir, jusqu'à ce que le liquide soit évaporé.

Échalotes confites au vin épicé

Les échalotes rouges ont un goût moins prononcé que les grises mais elles n'en sont pas moins sucrées et juteuses. Elles sont parfaites pour cette recette.

Pour 4 personnes
5 minutes de préparation
35 minutes de cuisson

2 cuillers à soupe d'huile d'olive
500 g d'échalotes rouges
2 cuillers à soupe de sucre
1/2 cuiller à café de sel
1/2 bouteille de vin rouge un peu corsé (type minervois, côtes-du-rhône...)
3 étoiles de badiane
1 cuiller à café d'extrait de vanille liquide
1 bâton de cannelle
10 grains de poivre noir
4 clous de girofle

Chauffez l'huile dans une casserole. Pelez les échalotes et faites-les dorer à feu moyen. Ajoutez le sucre et laissez caraméliser 5 minutes. Salez, poivrez, versez le vin puis ajoutez le reste des ingrédients. Portez à ébullition et laissez bouillir 30 minutes à feu doux sans couvrir. Servez à température ambiante.

Chutney de melon « aux petits oignons »

Avec le foie gras, évidemment !

Pour 8 personnes
15 minutes de préparation
35 minutes de cuisson

2 bottes de petits oignons blancs
2 gros melons bien mûrs
2 échalotes
4 cuillers à soupe de sucre roux
4 cuillers à soupe de vinaigre balsamique
10 cl de porto
1 cuiller à café de gingembre en poudre
Sel et poivre blanc

Lavez et émincez les oignons. Pelez et émincez les échalotes.

Ouvrez les melons, videz-les de leurs graines et coupez la chair en dés. Placez-les dans une casserole, ajoutez le sucre, le vinaigre, le porto, le gingembre, du sel et du poivre. Portez à ébullition puis laissez cuire 5 minutes à feu assez vif. Écrasez grossièrement le melon et laissez compoter 30 minutes à feu doux. Servez tel quel, chaud, tiède ou froid, en accompagnement d'un magret rôti ou poêlé.

Conseil • Ce chutney peut se conserver 1 semaine au réfrigérateur.

Cèpes sautés aux granny

Pour varier l'accompagnement du confit de canard, ou bien avec un canard rôti.

Pour 4 personnes
15 minutes de préparation
30 minutes de cuisson

500 g de cèpes
1 cuiller à soupe de graisse
3 petites échalotes
1 pomme granny
1 gousse d'ail
1 cuiller à soupe de vinaigre de vin vieux
Sel et poivre du moulin
1/3 de cuiller à café des quatre-épices
3 brins de persil plat

Nettoyez les cèpes sans les laver et retirez le bout terreux. Coupez-les en lamelles de 1 centimètre.

Faites chauffer 1 cuiller à soupe de graisse dans une grande poêle et faites-les sauter 10 minutes à feu vif.

Pendant ce temps, émincez les échalotes. Pelez la pomme et coupez-la en quatre, puis en 12 lamelles.

Retirez les cèpes de la poêle et remplacez-les par les échalotes. Laissez fondre 5 minutes, ajoutez la pomme, continuez la cuisson 5 minutes et arrosez de vinaigre. Faites dorer 1 minute à feu vif. Baissez le feu et ajoutez les cèpes. Salez, poivrez et ajoutez le quatre-épices et le persil. Laissez cuire 10 minutes à feu doux. Servez bien chaud.

AU GAGNE-PETIT

Vindaloo d'aubergines

Le vindaloo, kézako ? C'est un curry enrichi de vinaigre. Voici une version végétarienne où j'ai remplacé le vinaigre de vin par du vinaigre balsamique. On peut le servir tiède, mais je le préfère froid, façon chutney.

Pour 6 personnes
15 minutes de préparation
1 heure de cuisson

1 hachoir ou mixeur

1 kg d'aubergines
4 gousses d'ail
1 cuiller à soupe de racine de gingembre finement émincée
1 bonne cuiller à café de graines de fenugrec
2 grosses tomates (400 g environ)
4 cuillers à soupe d'huile d'olive
1 cuiller à soupe de curry en poudre
1 cuiller à café de cannelle
2 cuillers à café de grains de cumin
1 giclée de Tabasco
1 bonne cuiller à soupe de sucre en poudre
Thym
2 cuillers à soupe de vinaigre balsamique
Sel

Lavez et séchez les aubergines. Pelez et hachez l'ail et le gingembre. Mixez le fenugrec pour le concasser. Coupez le pied des aubergines et émincez-les en rondelles de 15 millimètres d'épaisseur puis chaque rondelle en 6 morceaux. Lavez les tomates, coupez-les en deux, retirez le pédoncule vert et mixez-les ou concassez-les. Dans une cocotte, faites chauffer l'huile d'olive et ajoutez les épices. Laissez rissoler 1 minute, ajoutez l'ail et le gingembre puis remuez encore 1 minute. Ajoutez les aubergines, le Tabasco, saupoudrez de sucre et de thym puis laissez fondre 5 minutes. Versez la purée de tomates et le vinaigre, ajoutez 30 centilitres d'eau bouillante, salez et mélangez bien. Couvrez et laissez cuire 50 minutes en mélangeant de temps en temps. Découvrez en fin de cuisson pour que la préparation soit bien sèche. Servez tiède ou froid.

Conseil • Ajoutez 10 centilitres de lait de coco pour accentuer la douceur de ce plat.

Lentilles roses mijotées aux épices

Allongez donc un lobe de foie gras rôti sur ce lit de lentilles !

Pour 4 personnes
5 minutes de préparation
25 minutes de cuisson

2 échalotes
1 cuiller à soupe d'huile d'olive
150 g de dés de lard fumé
1 bonne cuiller à café des quatre-épices
500 g de lentilles roses ou corail
Sel et poivre

Pelez et émincez les échalotes. Faites chauffer l'huile d'olive dans une cocotte et faites fondre l'échalote avec les lardons et les quatre-épices. Remuez régulièrement. Ajoutez les lentilles, remuez encore 1 minute et couvrez avec 1 litre d'eau. Portez à ébullition et laissez cuire 20 minutes à feu doux, sans couvrir, où jusqu'à ce que l'eau soit absorbée. Salez, poivrez et servez.

Pois chiches au miel

Un accompagnement original pour tous vos magrets et autres aiguillettes.

Pour 6 personnes
1 nuit de réhydratation
1 heure 15 de cuisson

100 g de pois chiches secs
20 g de beurre
1 pincée de noix de muscade râpée
1/2 cuiller à café de cannelle en poudre
2 cuillers à soupe de miel
1 citron
Sel et poivre

Faites tremper les pois chiches toute une nuit dans l'eau fraîche. Le lendemain, égouttez-les et plongez-les dans une casserole d'eau froide légèrement salée. Portez à ébullition et laissez cuire 1 heure. Égouttez de nouveau.

Faites-les revenir 2 minutes dans une poêle avec le beurre, la muscade et la cannelle. Ajoutez le miel et laissez caraméliser à feu moyen. Ajoutez le jus de citron et un verre d'eau. Laissez réduire jusqu'à ce que le jus devienne sirupeux. Salez, poivrez et servez bien chaud.

Jus de canard

Oui, c'est long. Non, ce n'est pas compliqué. Je lance un cri d'alarme : ne jetez jamais vos carcasses et autres minuscules ossements de palmipèdes. Ce serait priver vos sauces d'un précieux supplément de saveur ou vos viandes rôties d'un jus délicieux.

Pour 1 litre 1/2
10 minutes de préparation
3 heures 30 de cuisson

1 chinois (passoire fine)

1 carotte
1 oignon
2 tomates mûres
3 cuillers à soupe d'huile d'olive
Carcasses, ailerons et cous de 2 canards (Barbarie)
1 cuiller à soupe de concentré de tomates
1 bouquet garni (thym, laurier, persil)
1/2 cuiller à café de poivre noir en grains
Sel
2 cuillers à soupe de fond de volaille déshydraté
5 gousses d'ail en chemise non pelées

Lavez, épluchez et coupez en petits dés la carotte, l'oignon et les tomates.

Faites chauffer l'huile d'olive dans une sauteuse, ajoutez les morceaux de canard. Faites dorer 10 minutes à feu vif. Videz la graisse rendue et ajoutez les légumes, le concentré de tomates, le bouquet garni, les gousses d'ail, le poivre et un peu de sel. Versez 1 litre 1/2 d'eau et saupoudrez le fond de volaille. Laissez cuire 2 à 3 heures à feu doux en retirant régulièrement l'écume formée à la surface.

Passez au chinois et faites réduire de moitié le jus obtenu. Il doit être légèrement sirupeux. Servez tel quel, avec un magret grillé ou des aiguillettes sautées.

Purée de poivrons et mangues

Une sorte de chutney aigre-doux et sucré-salé qui colle à la peau d'un canard rôti ou d'un foie poêlé.

Pour 6 personnes
10 minutes de préparation
25 minutes de cuisson

2 poivrons rouges
2 cuillers à soupe d'huile d'olive
1 gousse d'ail
1 mangue pas trop mûre
1/2 cuiller à café de sel
1 pointe de piment de Cayenne
1 cuiller à café de fleur de thym

Lavez et séchez les poivrons. Retirez le pédoncule, les graines et les cloisons. Coupez-les en petits carrés. Faites chauffer l'huile d'olive dans une sauteuse et versez les cubes de poivron. Couvrez et laissez cuire 10 minutes.

Pelez et hachez l'ail. Pelez et hachez la mangue en petits cubes. Ajoutez le tout dans la sauteuse, salez, pimentez et remuez. Ajoutez le thym et 10 centilitres d'eau puis couvrez. Laissez cuire 15 minutes en remuant de temps en temps. Servez tiède ou froid, en accompagnement d'un foie gras ou d'un magret poêlé.

Conseil • Pour transformer cette purée en sauce, doublez la quantité d'eau et mixez en fin de cuisson. Vous pouvez ajouter 2 cuillers à soupe de jus d'orange.

Potimarron braisé aux arachides

Pour 4 personnes
10 minutes de préparation
15 minutes de cuisson

1 petit potimarron de 700 g environ
2 cuillers à soupe d'huile d'arachide
1/4 de cuiller à café de muscade râpée
1 cuiller à soupe de sucre en poudre
50 g de cacahuètes salées
Poivre blanc

Pelez le potimarron, coupez-le en deux et enlevez les graines. Coupez la chair en gros dés. Faites chauffer l'huile dans une sauteuse, ajoutez le potimarron, salez, saupoudrez de muscade et de sucre et laissez dorer 3 minutes. Versez 10 centilitres d'eau bouillante et laissez cuire 10 minutes. Servez chaud ou tiède, saupoudré de poivre blanc et de cacahuètes concassées.

Chutney de grenades aux oignons

Les chutneys sont des accompagnements aigre-doux à mi-chemin entre condiment et confiture. Ce sont des partenaires privilégiés du foie gras. Comme toujours, pour composer l'assiette idéale, jouez les contrastes : avec le foie chaud, servez un chutney bien frais. Avec un foie frais, préférez un chutney tempéré.

Pour 6 à 8 personnes
30 minutes de préparation
1 heure 10 de cuisson
24 heures de repos

2 oignons rouges
1 cube de bouillon de volaille
100 g de beurre
2 grenades
100 g de raisins secs
1 bâton de cannelle
250 g de sucre roux
10 cl de vinaigre balsamique
Sel et poivre

Pelez et émincez les oignons. Faites chauffer 40 centilitres d'eau avec le cube de bouillon. Égrenez les grenades.

Faites chauffer le beurre dans une sauteuse, ajoutez les graines de grenade, les oignons, le raisin et la cannelle. Laissez fondre 5 minutes. Ajoutez le bouillon et faites réduire 5 minutes à feu doux. Saupoudrez le sucre, versez le vinaigre, salez et poivrez. Laissez mijoter à feu très doux pendant 1 heure.

Laissez tiédir et conservez 24 heures au frais avant de servir.

Figues confites au miel et aux épices

Pour 6 personnes
2 minutes de préparation
20 minutes de cuisson

3 cuillers à soupe de miel
3 clous de girofle
1 bonne pincée de muscade
1/2 cuiller à café de cannelle en poudre
1 cuiller à soupe de jus de citron
1 bonne pincée de sel
1/2 cuiller à café de poivre mignonnette
500 g de figues sèches

Dans une casserole, mélangez 30 centilitres d'eau, soit 1 verre 1/2, le miel, les épices, le jus de citron, le sel et le poivre. Portez à ébullition puis ajoutez les figues.

Laissez compoter à feu moyen pendant 20 minutes puis égouttez. Servez tiède ou froid avec un canard rôti ou un foie gras en terrine.

Kumquats confits

Les kumquats sont de minuscules agrumes que les amateurs, dont je fais partie, avalent tout entiers, écorce comprise. Il faut reconnaître que leur puissante acidité emporte rapidement le palais. La cuisson au sirop permet de les adoucir tout en concentrant leurs parfums. Une saveur acidulée qui accompagne à merveille foie gras poêlé aux épices et aiguillettes du dimanche.

Pour 6 personnes
15 minutes de préparation
50 minutes à 1 heure de cuisson

300 g de kumquats
20 cl de jus d'orange pressée, soit 4 oranges environ
150 g de cassonade
1/2 cuiller à café de sel

Lavez les kumquats et coupez-les en deux. Retirez les pépins et placez-les dans une petite casserole. Pressez le jus d'orange et ajoutez-le dans la casserole. Ajoutez 10 centilitres d'eau et laissez cuire 30 minutes à feu doux. Ajoutez le sucre et le sel puis prolongez la cuisson de 20 à 30 minutes.

Tisanes

Pour terminer en douceur les repas copieux, voici quelques-unes de mes recettes d'infusions. Rappelez aux accros du café ou du digestif que nous sommes loin des « jus d'herbes insipides », comme vous risquez de vous l'entendre dire. Des épices, des racines, des fleurs et des fruits frais font de ces boissons de véritables concentrés de saveurs. Une fois que vous aurez fait le plein de matières premières, n'hésitez pas à composer vous-même vos mélanges.

Faire infuser les ingrédients suivants 5 minutes au moins dans 1 litre d'eau bouillante :

10 feuilles d'olivier
5 fleurs de camomille
1 petite poignée de tilleul
5 boutons de roses
1 bâton de cannelle
10 feuilles de menthe

Les feuilles d'1 bouquet de menthe
L'écorce d'1 citron jaune
Le jus d'1 orange
4 étoiles de badiane

2 cuillers à soupe de verveine
2 cuillers à soupe de citronnelle séchée
1 cuiller à soupe de roses séchées
3 étoiles de badiane
3 feuilles d'eucalyptus

1 cuiller à café de fleurs de lavande
1 petite poignée de sauge
2 cuillers à soupe de fleurs d'oranger séchées
1 cuiller à soupe d'hibiscus
1 petit fruit frais écrasé

10 grains de poivre de la Jamaïque
4 clous de girofle
1 bâton de cannelle
1 g de macis (racine de noix de muscade)
5 g de gingembre séché

36
36

Carnet & index

Mes boutiques

Lafitte
455, route du Béarn, 40500 Montaut.
tél. 05 58 76 40 40
8, rue Jean du Bellay, 75004 Paris
tél. 01 43 26 08 63
Mail : contact@lafittefoiegras.com
Site : www.lafittefoiegras.com
et aussi à Bordeaux, Bayonne, Dax, Mont-de-Marsan…
Expédition aux particuliers toute l'année. L'un des meilleurs foies gras de France. Prix serrés.
Produits dérivés du canard des Landes engraissé au maïs. Élevage traditionnel. Haut de gamme. Produits frais, en conserve ou sous vide : Foie gras cru, mi-cuit, rillons, confits, manchons, pâtés.

Le Comptoir de la gastronomie
34, rue Montmartre, 75001 Paris.
tél. 01 42 33 31 32
Foie de canard cru du Sud-Ouest finement parfumé, et d'une tenue exemplaire à la cuisson. En principe réservée aux restaurateurs, la maison a ouvert au public et l'on profite avec joie de produits hauts de gamme à prix de quasi gros.
Produits : foie gras et magrets sous toutes leurs formes. Pas de rillettes ni de grattons.

Le Poulet de Bresse
30, rue des Belles Feuilles, 75016 Paris.
tél. 01 47 27 88 31
Cru ou cuit, le foie de cette excellent volailler est l'une des références parisiennes.
Produits : foie gras de canard des Landes, cru et mi-cuit, magrets, confits, pas de rillettes ni de grattons.

Le Comptoir corrézien
8, rue des Volontaires, 75015 Paris.
tél. 01 47 83 52 97
Produits : foie gras (cru, mi-cuit, en terrine, en conserve, à la coupe), magrets (crus ou fumés), confits, pâtés, grillons/graissons.

Où commander du canard ?

La Quercynoise
Route de Figeac, BP 51, 46500 Gramat.
tél. 05 65 10 15 15
Mail : infos@laquercynoise.com
Site : www.laquercynoise.com
Une coopérative d'agriculteurs qui a l'immense privilège de fournir Odette en foie gras frais. Prix canons.
La Quercynoise concentre son savoir-faire sur l'élaboration de foies gras, magrets et confits avec garantie d'origine et qualité Label. Elle propose une gamme de produits crus, mi-cuits et conserves, tous provenant exclusivement de ses propres élevages de canards et d'oies.

Vidal
ZAE de Pech Mercier, 24250 Cénac.
tél. 05 53 28 65 25
Mail : vidalfoiegras@free.fr
Site : www.foiesgrasvidal.fr
Expédition aux particuliers toute l'année. Artisan conserveur. Origine certifiée Périgord.
Produits : foie gras (mi-cuit, cru), pâtés de foie gras, terrines, rillettes, fritons, confits, manchons, gésiers, plats cuisinés.

Lavergne et Fils
Ferme de Borie, 46500 Miers
tél. 05 65 33 43 03
Expédition aux particuliers.
Rien que du canard.
Les conserves : confits, foie gras, rillettes pur canard, gésiers, cœurs…

Dubernet
Michel Dubernet, BP 32, 40501 Saint-Sever.
tél. 05 58 76 01 20
Mail : michel-dubernet@wanadoo.fr
Une dizaine de magasins dans toute la France
Expédition aux particuliers sous 48 heures toute l'année.
Produits : foie gras, charcuterie fine, plats cuisinés.

Privilège de ferme
Évelyne et Bernard Ducasse,
Ferme Loupret, 40250 Toulouzette.
tél. 05 58 97 93 11
Expédition aux particuliers toute l'année.
Producteur-conserveur.
Produits : foie gras (cru, mi-cuit, en conserve), pâtés, rillettes, confits, canard.

Ducazaux
Ferme de La Place, 40360 Donzaq.
tél. 05 58 89 88 17
Expédition aux particuliers toute l'année.
Produits : pâtés, rillettes, confits, foies gras (pas de mi-cuits), manchons confits, magrets confits, pas de grattons. Conserves (se gardant plus de 4 ans).

Biraben
63, rue de la Ribère, 64800 Beuste.
tél. 05 59 61 01 08
Mail : biraben@biraben.fr
Site : www.biraben.fr
Expédie aux particuliers toute l'année.
Produits : foie gras entier, cuisiné, mi-cuit, terrine, mousse, bloc, confit (aile, cuisse, manchons, gésiers), produits frais ou fumés/séchés, rillettes, foie gras d'oie, confit d'oie, graisse de canard, plats cuisinés.

Ferme de la plume d'or
168, rue d'Altorf, 67120 Dachstein.
tél. 03 88 47 85 30
Mail : plumedor@terre-net.fr
Site : www.fermedelaplumedor.fr
Expédition aux particuliers toute l'année.
Produits : foie gras de canard (cru, en bocal, en semi-conserve, en terrine), viande de canard fraîche, en confit ou fumée (magret, cuisse, manchons, gésiers…), foie gras d'oie en conserve, viande d'oie, terrines, rillettes.

Edouard Artzner
7, rue de la Mésange, 67000 Strasbourg.
tél. 03 88 32 05 00
Site : www.edouard-artzner.com
Expédition aux particuliers toute l'année.
Produits : foie gras de canard et d'oie (frais, mi-cuit, en conserve), pâtés, terrines, magrets fumés et séchés, gésiers confits, graisse de canard, plats cuisinés.

Et sur Internet…

www.lesdelices.com
Le site officiel d'une épicerie parisienne ultra-raffinée créée par un fanatique des produits de terroir. Un panier hors du commun, outre d'excellents foies gras.

www.ducasse-online.com
Une fois de plus notre Dudu national est en première ligne. Un site infaillible : preste, clair, élégant et furieusement gastro. Les produits sont classés par genre et affichent ostensiblement leurs origines : foie gras de chez Andignac, caviar Kaspia, truffes Pebeyre, douceurs (dont d'excellents croquignoles) de la maison Fossier, et de quoi remplir la cave et le bar. Une rubrique « souhait » vous propose de chercher pour vous un produit introuvable : « … et dès que nous aurons trouvé, nous vous enverrons un e-mail ». Osez tous les caprices d'autant que les prix ne se haussent pas du col. Visiblement le site est plus une vitrine qu'une opération directement commerciale. Pour un dîner 3 étoiles chez soi sans se fatiguer les spatules.

Mes restos canard

Thiou
49, quai d'Orsay, 75007 Paris.
tél. 01 45 51 58 58
Testez son canard haché en salade ou bien son magret, cuisiné au curry rouge.

Le Velly
52, rue Lamartine, 75009 Paris.
tél. 01 48 78 60 05
Pour son pot-au-feu de foie gras.

Le Bistrot de Paris
33, rue de Lille, 75007 Paris
tél. 01 42 61 15 84
Le filet poêlé.

Le vieux bistrot
14, rue du Cloître Notre-Dame, 75004 Paris.
tél. 01 43 54 18 95
Canard en civet.

L'écureuil
3, rue Linné, 75005 Paris.
tél. 01 43 31 61 18
Le canard dans tous ses états.

Canton Palace
Hôtel Evergreen Laurel, 8, place Georges-Pompidou, 92300 Levallois-Perret.
tél. 01 47 58 88 99
Le canard laqué est servi dans la plus grande tradition.

Le petit Pontoise
9, rue de Pontoise, 75005 Paris.
tél. 01 43 29 25 20
Le foie gras en parmentier.

Carré des Feuillants
14, rue de Castiglione, 75001 Paris.
tél. 01 42 86 82 82
Le foie gras sous toutes ses formes.

L'Atlas
12, bd Saint Germain, 75005 Paris.
tél. 01 46 33 86 98

Les marchés au gras

Les marchés au gras sont ouverts de novembre à mars.

Gimont (Gers)
tél. 05 62 67 77 87
Mercredi
- d'octobre à mars, les carcasses à 9 h 30 et les foies gras à 10 h 30.
- d'avril à septembre, les carcasses et les foies gras à 10 heures.

Dimanche matin
- de novembre à mars, les carcasses et les foies gras à 10 heures.

Samatan (Gers)
tél. 05 62 62 55 40
Lundi matin
- d'octobre à mars, les carcasses à 9 h 30 et les foies gras à 10 h 30.
- d'avril à septembre, les carcasses et les foies gras à 10 heures.

Seissan (Gers)
tél. 05 62 66 21 78`
Vendredi matin.

Eauze (Gers)
tél. 05 62 09 85 62
Jeudi matin
- d'octobre à mars : les carcasses à 9 h 30 et les foies gras à 10 h 30
- pas de marché l'été ou alors seulement des conserves.

Aire sur l'Adour
tél. 05 58 71 64 70
Mardi matin jusqu'à 13 heures.

Riberac (Dordogne)
tél. 05 53 90 03 10 ou 05 53 90 52 02
Vendredi matin de 8 heures à midi.

Thiviers-en-Périgord (Dordogne)
Samedi matin (de mi-novembre à mi-mars)

Table des recettes

Foie gras cru

Foie gras mi-cuit

Magret de canard séché ou fumé

Magret de canard

Aiguillettes de canard

Cuisses ou manchons de canard

Canard entier (ou canette)

Confit de canard

Gésiers confits, grattons, etc.

Remerciements

Merci à tous ceux qui ont contribué à la conception de ce livre:
Odette Aubertin, Julie Ceresne, Marion Ruggieri, Thiou, Bob Elia, Youmna, Alain Brigant, et les foies gras de Picard surgelés.
Julie

Shopping & Art de la table

Papiers peints, nappes, sets de tables, serviettes

Agapè : pages 56 (serviette), 61, 69 (serviette), 81, 84, 86, 87, 115, 134, 146, 159, 169, 179, 185.

Farrow & Ball : pages 29, 32, 39, 43, 49, 51, 55, 98, 99, 149, 150, 151, 153, 167, 177, 183.

Zéro One One : pages 48, 52, 56, p58, 59, 63, 66, 67, 69, 77, 93, 123, 131, 143, 155, 179.

Couverts et ustensiles

Agapè : pages 39, 49, 51, 52, 55, 57, 63, 65, 66, 67, 71 (fourchette et couteau), 77 (pic), 86 (grille), 89, 93, 97, 98, 99, 104, 105, 113, 119 (grille), 131, 134, 135, 139, 143, 157, 159, 163, 167, 177, 179, 181.

Equilibres : page 71 (cuillères).

La Samaritaine : page 77 (cuillères).

Siècle : page 183.

Totor & Cie : page 121 (couverts à salade).

Zéro One One : pages 59, 71 (nacre), 77 (baguettes), 84.

Coupelles, verres, tasses, bols et ramequins

Agapè : pages 47, 58, 71, 77 (coquetier), 97, 104, 105, 108, 116, 120, 155, 157, 177, 179, 185.

Corine H. pour Agapè : pages 61, 63 (noire), 65, 139.

La Samaritaine : pages 98, 99.

Assiettes et plats

Agapè : pages 54, 63, 66, 67, 69, 81, 84, 97, 113, 134, 139.

Astier de Villatte : pages 59, 90, 91.

Equilibres : pages 123, 125.

La Samaritaine : pages 93, 163.

Lô Sushi : page 71 (+ cloche).

Zéro One One : page 57.

Moules et terrines

Agapè : pages 39, 43, 49, 87, 103, 107, 109.

Flexipan : pages 40, 89.

Poêles, casseroles et cocottes

Agapè : pages 82, 97, 101, 111, 115, 126, 128, 129, 131, 137, 141, 145, 149, 150, 151, 153, 159, 161, 167, 169.

Canards et accessoires

Agapè – page 153 (réveil).

Siècle – pages 108, 183.

Chacabo – page 174.

La Samaritaine : page 186.

Carnet

Agapè (brocante et décoration)
91, avenue Jean-Baptiste Clément, 92100 Boulogne / tél. 01 47 12 04 88

Astier de Villatte
173, rue Saint-Honoré 75001, Paris / tél. 01 42 60 74 13

Chacabo
17, bd des Filles-du-Calvaire, 75003 Paris / tél. 01 48 87 31 10

Equilibres
www.equilibresobjets.com

Farrow & Ball
50, rue de l'Université, 75007 Paris / tél. 01 45 44 47 94

Flexipan
en vente dans les grands magasins / tél. 0 810 820 220

La Samaritaine
19, rue de la Monnaie, 75001 Paris / tél. 01 40 41 20 20

Lô Sushi (restaurant)
1, rue du Pont-Neuf, 75001 Paris / tél. 01 45 62 01 00

Siècle
24, rue du Bac, 75007 Paris / tél. 01 47 03 48 03

Totor et cie
69, rue de la Fontaine-au-Roi, 75011 Paris / tél. 01 43 55 43 86

Foie gras

Un grand merci à la société **Delpeyrat** (www.delpeyrat.com) pour ses savoureux foies gras, confits et gésiers, utilisés dans les recettes.

Textes: Julie Andrieu

Photographies: Sophie Tramier et Henry Roy

Photographies des pages 10, 12 (en haut et au centre à gauche), 15 : © Christian Sarramon

Stylisme et réalisation des recettes: Delphine de Montalier

Lecture-correction: Véronique Dussidour, Antoine Pinchot.

Imprimé en Italie par Rotolito Lombarda
dépôt légal: 36763 – octobre 2003 – édition 1
ISBN: 2501040171 – Codif 40.3886.5